섹슈얼리티는
정치학이다

# 섹슈얼리티는 정치학이다

가정—직장—국가…… '슈퍼 갑'들의 위험한 성정치학, 대한민국의 민낯을 보다

초판 1쇄 인쇄 2014년 9월 10일 ＼초판 1쇄 발행 2014년 9월 15일
지은이 이성은 ＼펴낸이 이영선 ＼편집 이사 강영선 ＼주간 김선정 ＼편집장 김문정
편집 임경훈 김종훈 김경란 하선정 ＼디자인 김회량 정혜미
마케팅 김일신 이호석 김연수 ＼관리 박정래 손미경

펴낸곳 서해문집 ＼출판등록 1989년 3월 16일(제406-2005-000047호)
주소 경기도 파주시 광인사길 217(파주출판도시) ＼전화 (031)955-7470 ＼팩스 (031)955-7469
홈페이지 www.booksea.co.kr ＼이메일 shmj21@hanmail.net

이성은 © 2014
ISBN 978-89-7483-682-5 03330
값 15,000원

이 도서의 국립중앙도서관 출판시도서목록(CIP)은 e-CIP 홈페이지(http://www.nl.go.kr/ecip)에서
이용하실 수 있습니다.(CIP제어번호: CIP2014024967)

이성은 지음

가정-직장-국가…
'슈퍼 갑'들의 위험한 성정치학,
대한민국의 민낯을 보다

# 섹슈얼리티는 정치학이다

서해문집

# 1

2013년 5월 8일, 최초로 탄생한 대한민국 여성 대통령의 미국 방문을 수행하던 청와대 대변인이 미국대사관의 인턴 여직원을 성희롱했다는 뉴스가 보도되었다. 사건 경위가 하나씩 밝혀지면서 단순한 성희롱이 아닌 성추행일 수도 있다는 정황 증거가 드러났지만 우리의 여성 대통령은 사태를 빨리 수습하려고만 했다. 즉 성희롱 사건은 유감스러운 일이며, 국격을 떨어뜨려 죄송하다는 사과 한 말씀. 그리고 관련 책임자들의 경질과 직위해제로 사건은 일단락됐고, 결국 2개월여 만에 언제 그런 일이 있었느냐는 듯 사건은 조용히 덮이고 말았다.

청와대 대변인 윤창중의 성희롱 사건이 그들에겐 빨리 덮고 넘어가야 할 숙제에 불과했을지 모르지만, 내게는 크게 뒤통수를 치는 사건이었다. 정확하게 20년 전인 1993년 우리나라에서 최초로 '성희롱'이 뭔지 알게 해준 '서울대 조교 성희롱 사건'과 별 다를 것 없는 사건, 아니 그보다 더

질 나쁜 사건이, 그것도 최초의 여성 대통령이 공식 방미 일정을 수행하던 중 일어나다니! 그런데 그에 대처하는 가해자 측(최고 권력기관인 청와대, 최고 교육기관인 서울대학교)의 대응 방식은 20년 전이나 지금이나 어쩌면 그렇게도 똑같은지, 우리나라가 최초의 여성 대통령을 만든 성평등 나라가 맞는 건지 등의 의문이 들면서, 내가 여성학자로서 10여 년간 고민해온 '한국의 이성애 중심 성문화, 조직 내의 성정치학, 그로 인한 성희롱을 묵인하고 은폐하는 사회의 현실' 문제를 다시 짚어봐야 할 때가 왔다는 생각이 들었다. 그리고 이런 주제로 독자들과 소통하고 싶다는 결심이 굳어졌다.


## 2

1986년, 국제적으로 주목받는 아시안 게임이 한국에서 열리는 '역사적'인 해에 나는 대학생이 되었다. 당시 대학생들에게 주어진 사명은 취업 준비를 위한 스펙 쌓기보다는 '호헌 철폐, 독재 타도'의 구호로 대변되는 민주화의 대의를 완성하는 것이었고, 나 역시 시대의 흐름을 타고 치열한 대학 생활을 보낸 기억이 난다. 그리고 대학을 졸업한 뒤 당시만 해도 겨우 10여 년의 역사를 가진 제도권 내의 여성학을 공부하기로 마음먹었다.

여성학을 공부하기로 한 가장 큰 이유는, 여성학은 다른 학문과 달리 이론만 탐구하는 것이 아니라 실천이 함께 따르는 학문이기 때문이었다. (성)평등하지 않은 사회문제에 대한 이론화, 실천을 위한 전략 수립 그리고 실천……. 내가 선택한 여성학은 이 세 가지를 한꺼번에 할 수 있는 일종의 노다지였고, 난 그 노다지를 발견한 것이었다. 물론 20년이 지난 오늘, 그중 한 가지만도 제대로 하기가 아주 어렵다는 것을 실감하고 있긴 하지만 말이다.

1993년 8월, 대학원 여성학과 석사 4학기를 시작할 무렵 여성운동 진영에 집중할 만한 사건이 터졌다. 그때는 몰랐지만 이후 6년간의 지난한 법정 투쟁을 벌여야 했던 '서울대 조교 성희롱 사건'이다. 나는 그때 한창 석사학위 논문 주제를 탐색하고 있었는데, 당시만 해도 섹슈얼리티*라는 주제보다는 일하는 여성에 대한 이슈를 논문 주제로 생각하고 있었다. 그러던 중에 터진 서울대 조교 성희롱 사건은 내게 적잖은 충격을 주었다. 그래서 이제껏 학문적 주제로 다루어지지 않았던 성희롱을 과연 학위 논문으로 완성할 수 있을까 하는 두려움이 있었지만, '여성의 일터에서 섹슈얼리티가 어떻게 다양한 성차별 제도와 연관되어 있을까?'라는 새로운 주제를 분석해보고 싶은 강한 욕구와, 이론과 실천은 함께 가야 한다는 여성학 입문자로서의 사명감 때문에 석사학위 논문 주제로 '직장 내 성희롱'을 선택하게 되었다.

논문을 쓰는 과정에서 성희롱 사건의 피해자인 '서울대 조교'를 만나 인

* 섹슈얼리티sexuality를 간단히 설명하자면, 생물학적·신체적 성관계를 설명하는 협소한 성性의 개념을 넘어서 사회적 의미와 맥락을 내포하는 인간의 성적 욕망erotic desire, 성정체성sexual identity, 성적 지위sexual status 등을 포괄하는 개념이다. 이 글에서 어렵기도 하고 생소하기도 한 섹슈얼리티라는 개념을 사용하는 이유는 성이 개인 차원의 문제라기보다는 사회적 현상 및 권력관계 문제와 밀접히 연결되어 있음을 설명하고 논의하기 위함이다.

터뷰를 하고 나니 내가 선택한 논문 주제가 이 사회에 꼭 필요한 것임을 더욱 확신하게 되었다. 그녀는 평범하지만 용기 있는, 나와 비슷한 나이 대에 비슷한 고민을 하던 여성으로 기억된다. 그렇게 직장 내 성희롱, 특히 서울대 조교 성희롱 사건을 중심 주제로 다룬 내 논문은 1995년 8월에 마무리되었다. 나는 논문에서 직장 내 성차별과 성불평등이 성희롱을 발생하게 하는 원인임을 밝혀냈고, 성희롱을 방지하기 위해서는 직장의 성차별 문화가 바뀌어야 한다는 결론을 내렸다. 하지만 무언가 새로운 것에 도전했다는 만족감은 들었어도, 성희롱의 표피적인 원인만을 밝혀냈을 뿐이라는 생각이 뇌리를 떠나지 않았다. 이러한 아쉬움이 내가 박사 과정을 공부하게 된 가장 큰 이유였다고 생각한다.


**3**

여성학 분야에서 가장 오랜 학문적 전통을 가진 영국 요크에서 박사 과정을 시작했다. 지금 생각해보면 1997년부터 2002년까지의 유학 생활은 내 인생의 황금기로, 나만을 위해 오롯이 24시간을 투자했던 시기였다. 유럽뿐 아니라 다양한 아시아 국가에서 공부하러 온 친구들과 서로의 문화에 대해 소통할 수 있었고, 그래서 여성학자로서의 학문적 시야를 충분히 넓히고 동시에 심도 깊게 파고들 수 있었다. 또한 한국에서는 여전히 생소한 '섹슈얼리티'라는 단어를 영국에 모인 다양한 사회의 친구들과 함께 소통할 수 있었던 귀한 경험의 시간이었다.

　그곳에서 내가 5년 동안 집중했던 주제는 '조직 내의 섹슈얼리티

Sexuality in Organization', '노동 현장에서의 섹스와 젠더Sex and Gender at Work' 등이었고, '이러한 주제가 이성애 중심 성문화와는 어떤 관련성이 있을까' 하는 문제의식으로 확장되었다. 그리하여 위계관계가 명백히 존재하는 다양한 조직(직장, 학교, 군대 등)에서 발생하는 성희롱 피해와 가해의 경험이 단순히 남녀의 서로 다른 권력 차이인 성차별 문화에서만 비롯하는 것은 아니라는 결론에 도달했다. 같은 동성 간에서도 그들이 경험하고 보유한 자원의 차이로 인해 권력관계가 만들어지고, 그에 따라 동성 간에도 성희롱이 발생할 수 있으며, 대체로 피해자로 인식되었던 여성이 가해자가 될 수도 있다는 점을 알게 되었다.

한편 성희롱이라는 실행·현상이 다양한 개별 조직문화와 그러한 조직문화를 지배하는 각 사회의 역사 및 문화(성별적 문화Gendered culture, 성적 문화Sexual culture) 그리고 개인적 경험·교육·의식 등과 얼마나 뿌리 깊게 얽혀 있는지도 알게 되었다. 특히 성희롱이라는 실행·현상을 둘러싼 조직 내의 성정치학, 섹스, 젠더, 이성애 문화 등 일련의 연결고리를 하나씩 파헤치기 시작하게 된 계기는 1999년 한국에서 들려온 'A씨 비디오 사건' 때문이었다. 지금의 젊은이들은 잘 모르겠지만 미스코리아 출신이자 영화배우인 A가 그녀의 남자친구(매니저)와 성관계하는 장면을 촬영한 비디오가 유출된 사건으로, 당시 사회적으로 굉장한 충격과 화제가 되었다.

이 사건은 명백한 여성 인권 및 사생활 침해 사건이자, 신인 여배우와 매니저라는 갑·을 관계의 정치학을 여실히 드러내주는 성폭력 사건이었다. 하지만 당시 한국의 언론은 도대체 누가 이 비디오를 유포했는지에만 관심을 집중할 뿐 피해자에 대한 배려는 전혀 보이지 않았다. 한마디로 A

씨 비디오 사건은 표면적으로는 성적 보수성을 강조하는 한국 사회 이면에 존재하는, 한국인의 성적 관음증을 제대로 보여준 사건이었다. 이후 이와 유사한 사건(연예인 성관계 동영상 유포)이 심심찮게 일어나면서, 성폭력 사건임에도 상업적인 맥락에서 유포를 묵인하는 이상한 문화가 자리 잡는 계기가 되었다.

급기야 2009년에는 영화배우 장자연이 성상납 강요의 부당함을 고발하며 자살하는 일까지 발생하고 만다. 그렇다면 과연 연예계의 특수한 갑·을 관계를 대표적으로 드러내주는 성상납 문제는 성희롱 문제와 무엇이 다를까? 위계적인 관계 속에서 지속적이고 반복적으로 발생하는 성희롱은 종종 여직원에 대한 데이트 요청으로 이어지고, 혹은 소파 승진 등을 약속하기도 하며, 때로는 일자리 안정성을 위협하며 위력에 의한 간음으로 연결되기도 한다. 따라서 한국 사회의 독특한 성문화 속에서 성상납 문제는 성희롱 문제와 그리 멀리 떨어져 있지 않다는 결론을 내리게 되었다.


# 4

이 책의 1부에서는 우리 사회의 이성애 중심 성문화의 특성에 대해서 토론해보고자 한다. 한국 사회의 이성애 중심 이데올로기를 이야기하려면 우선 일부일처 결혼제도에 대한 논의가 필요하다. 어찌 됐든 우리 사회에서 '가장 안전하고 허용되는 합법적인 성적 관계는 결혼 내 성관계뿐'이다. 즉 결혼한 부부간의 성관계만이 마치 안전한 것인 양 용인되는 것이다. 부부간 강간이나 눈 가리고 아웅 하는 식의 혼외 성관계가 공공연히 벌어지고 있는데도 말이다. 자세히 들여다보면 결혼제도로 묶인 부부가 아닌 이들의 성관계가 더 다양하게 이루어지는데, 결혼제도 중심의 강력한 성 규범이 오히려 결혼제도 밖에서 위험한 성을 선택하게 하는 기제가 되는 게 아닌가 하는 생각이 든다. 즉 한국 사회의 성정치(권력관계로서의 성) 문화는 결혼제도에서 비롯하며, 그러한 갑·을 관계가 조직에서, 학교에서, 그리고 더 큰 지역사회에서 얼마나 다르게 혹은 유사하게 발현되는지를 보여주고 싶다.

이것이 한국 사회의 이성애 중심 문화가 어떻게 위험한 성정치학을 끊임없이 반복적으로 생산할 수밖에 없는지에 대한 해답을 찾는 첫 번째 단계라고 생각한다. 여기서는 내가 기존에 발표했던 〈한국 기혼 남녀의 섹슈얼리티와 친밀성의 개념화〉라는 논문을 위해 연구에 참여해준 부부 열네 명의 생생한 이야기가 좀 더 실감나는 분석을 더해줄 것으로 기대한다.

2부에서는 다양한 색깔과 유형의 조직에서 젠더와 섹스의 이슈가 어떻게 얽혀 성희롱이라는 현실로 연결되는지를 보고자 한다. 즉 성별화된 Gendered 제도/행위/의식이 성적Sexual 제도/행위/의식과 어떻게 맞물려 상호작용하면서 독특한 한국의 조직문화를 구성하는지를 밝혀낼 것이다. 말하자면 한국 조직사회의 젠더/섹슈얼리티 정치학은 한국 사회의 갑·을 권력관계와 뿌리 깊게 연관되어 있으며, 특히 조직에서 이루어지는 놀이/여가 문화가 이러한 메커니즘과 어떤 깊은 연관성이 있는지를 살펴보게 될 것이다.

3부는 일하는 현장에서 어떠한 성차별이 성희롱을 유발하고 인간을 성적 대상으로 전락시키며, 어떻게 존중받지 못하는 인권으로 침해해가는지의 과정과 경험을 보고자 한다. 즉 조직의 젠더/섹슈얼리티의 권력관계가 어떻게 조직 내의 성희롱/성상납 그리고 조직 밖의 성매매/성폭력의 문화로 연결되는지를 분석하고자 한다. 여기서는 내가 쓴 박사학위 논문에 참여했던 연구 참여자들의 목소리를 통해 좀 더 생생하게 전달될 것이며, 최근 화제가 됐던 일련의 성희롱·성상납·성매매 사건의 담론 분석을 통해 구체화될 것이다.

이 책을 마무리하는 4부에서는 성적 위험/쾌락의 이분법 속에서 요동치는 한국 성문화의 미래에 대해 논의해보고자 한다. 문화가 변화하는 것, 게다가 성문화가 변화하고 그것도 인간을 존중하는 방향으로 변화한다는 것은 그리 쉽지 않은 일이다. 다양한 분과 학문에 몸담은 학자와 여성운동가들은 한국의 성문화가 변화하려면 우선 법과 제도의 개선이 필요하며, 이를 구체화할 수 있는 정책이 요구된다고 말한다. 동시에 사회구성원의 의식, 생활방식, 경험에 대한 도전이 함께 이루어져야 한다는 점을 끊임없이 제기한다. 그런데도 왜 한국의 섹슈얼리티 문화는 드러나지 않는 장소에서 왠지 더 사악하게 변하고 있다고 느껴지는 것일까? 따라서 여기서는 한국의 성문화가 어떠한 방향으로 움직이고 있는지, 어떻게 변화해야 조금은 덜 불편한, 인간이 존중받을 수 있는 성문화로의 변화가 가능할지를 다양한 분야의 사회적 상상력을 동원하여 전망해볼 것이다.


2014년 여름

이성은

# { contents }

# { contents }

Part 3.

## '슈퍼 갑'의 위험한 섹슈얼리티
끊이지 않는 성희롱과 성상납

Part 1.

# 결혼 안의 섹슈얼리티,
# 정말 안전한가?

*이 글은 저자의 논문 〈한국 기혼 남녀의 섹슈얼리티와 친밀성의 개념화〉《가족과 문화》 제18집 2호, 2006)를 바탕으로 최근의 결혼관계와 성관계를 둘러싼 담론·경험·의식 등의 변화를 반영, 재구성하여 다시 쓴 글임을 밝혀둔다.

얼마 전 공영방송의 뉴스 앵커로 유명한 여성 아나운서가 9년간의 결혼생활 동안 남편의 가정폭력에 시달리다 더 이상 참을 수 없어 이혼소송을 제기했다는 기사를 접했다. 정말 뜻밖의 뉴스였다. 당차고 똑똑하며 무엇 하나 부족한 게 없어 보이는 그녀가 9년 동안이나 가정폭력에 시달리며 결혼생활을 유지해왔다고? 그런 결혼관계 속에서 아이를 둘이나 낳았다고? 도대체 '왜?'라는 질문을 하지 않을 수 없는 소식이었다.

하지만 그 질문에 대한 답변은 간단했다. 공인이라는 신분에서 가정폭력의 피해자이자 이혼녀가 된다면 경력 손상은 자명한 사실이고, 그녀가 원하는 사회활동을 더 이상 안정적으로 할 수 없는 성차별적인 사회에서 살고 있기 때문이다. 그 짐작은 적중했다. 기사가 터진 지 일주일 후 그녀가 진행하던 모든 방송 활동은 자의 반, 타의 반으로 그만둘 수밖에 없는 상황이 되어버렸다.[1]

9년 동안 가정폭력에 시달린 그녀는 과연 남편과 친밀한 관계를 유지해왔을까? 우리는 종종 가정폭력에 시달리던 아내가 폭력에 대한 정당 방위로 남편을 살해하는 사건을 접하기도 하며, '무늬만 부부', '결혼한 부부는 남녀 사이라기보다는 친척'이라는 말을 농담처럼 하기도 한다. 이는 '한국 사회에서 결혼한 부부는 성적으로 친밀하기 어렵다, 친밀하지 않다' 라는 메시지를 암묵적으로 전달해준다.

하지만 아이러니하게도 대한민국은 합법적으로 인정받는 성관계가 결혼한 부부 사이에서밖에 이루어지지 않는 나라다. 그러나 실제 성관계는 결혼관계 안에서보다는 결혼관계 밖에서 더 많이 경험하는 것이 현실이다. 결혼한 부부의 경우 신혼 1년 동안 경험하는 성관계 횟수가 이후 결혼 기간 내내 하는 성관계 횟수보다 훨씬 많다는 우스갯소리가 진실일 수도 있다. 그러면서 공식 규범으로 정해진 부부간의 성적 배타성은 아내에게 더 규범적이고, 상대적으로 남편에게는 훨씬 덜 규범적이다. 나아가 가장 친밀한 관계인 아내와 남편 사이에서 성적 폭력(강간), 언어적 폭력, 신체적 폭력이 발생하기도 한다.

그렇다면 과연 결혼한 부부 사이에 존재하는 성적 친밀성의 실체는 무엇일까? 아직도 우리는 사랑해서 결혼하고, 그래서 결혼한 부부 사이에서 가장 안전하고 즐거운 성적 쾌락을 누리고 있는 것일까? 이러한 질문에 답을 얻기 위해, 다음 표에 제시된 남녀 열네 명의 이야기를 토대로 하나씩 문제를 짚어보기로 하자.

이들 열네 명은 모두 대졸 이상의 학력을 가졌으며, 박주연을 제외한 나머지는 객관적으로 볼 때 결혼관계에 특별히 문제가 없는, 평범한 대한민국의 중산층 기혼자들로 보인다. 하지만 그들의 이야기를 찬찬히 들어

보니, 한국의 결혼관계에는 다양한 권력관계가 존재하며, 그 권력관계의 지형과 위치가 어떻게 자리매김되어 있는지 알 수 있었다.

### 〈표1〉 사례 개요*

| 번호 | 이름(가명) | 연령/성별 | 결혼 기간(년) | 자녀 수 | 직업(전직) | 참고 |
|------|-----------|----------|-------------|---------|-----------|------|
| 1 | 박주연 | 38/여 | 10 | 2녀 | 회사원(간호사) | 이혼 |
| 2 | 윤미자 | 49/여 | 20 | 1남 1녀 | 전업주부(은행원) | |
| 3 | 진수연 | 43/여 | 18 | 2남 | 플로리스트 | |
| 4 | 나현정 | 43/여 | 19(?) | 2남 | 전업주부 | |
| 5 | 박수진 | 45/여 | 5 | 1남 | 사회복지기관 직원 | |
| 6 | 김소영 | 47/여 | 7 | 1녀 | 노동조합 상근 활동가 | 앨버트의 아내 |
| 7 | 채미정 | 33/여 | 7 | 1녀 | 대학원 재학 중 | 최민식의 아내 |
| 8 | 권경호 | 34/남 | 3 | 1녀 | 회사원 | |
| 9 | 서민수 | 37/남 | 10 | 무 | 회사원(공공기관) | |
| 10 | 윤동진 | 38/남 | 7 | 1남 | 별정직 공무원 | |
| 11 | 정재훈 | 38/남 | 12 | 2녀 | 별정직 공무원 | |
| 12 | 앨버트** | 43/남 | 7 | 1녀 | 사회운동단체 활동가 | 김소영의 남편 |
| 13 | 최민식 | 37/남 | 7 | 1녀 | 자영업 | 채미정의 남편 |
| 14 | 한경태 | 31/남 | | | 회사원 | 박주연의 애인 |

---

\* 이 사례의 연령과 결혼 기간 등은 2006년 인터뷰 당시 기준이다.

\*\* 앨버트는 외국인이다. 면접 참여자의 익명성 보장과 다른 나라에 대한 선입견 등을 피하기 위해 앨버트의 국적은 밝히지 않는다.

# 부부는 친밀한 관계인가?
## 사랑의 구성 방식

'후기 근대' 또는 '포스트모던' 또는 '신자유주의'라고 표현되는 21세기 초, 우리가 살고 있는 현실은 과연 어떨까? 자본주의 경쟁 체제가 고도화되면서 낭만적 사랑에 기초한 단란한 핵가족의 실체는 점점 흐릿해지고, 우리는 다양한 형태의 가족으로 세포분열되는 변화를 맞이하고 있다. 2008년 미국의 자본주의 금융위기는 '월스트리트를 점령하라'는 구호와 더불어 상위 1퍼센트를 제외한 나머지 99퍼센트, 즉 중산층이라고 자부하던 시민들에게 몰락의 위험을 안겨주었다. 오늘날 전 지구적 차원에서 개인화와 양극화는 가속도가 붙어 어디로 향할지 알 수 없는 사회가 되었다. 그런 오늘을 사는 우리에게 개인 간의 친밀성이 중요하다는 점을 영국의 사회학자 앤서니 기든스Anthony Giddens는 1990년대 초반에 이미 주장하기 시작했고,[2] 그래서 울리히 벡Ulrich Beck과 엘리자베트 벡-게른스하임Elisabeth Beck-Gernsheim[3]이라는 독일의 부부 사회학자는 가족의 해체를 맞은 개개인이 사랑이나 정서적·성적 친밀성에 목맬 수밖에 없는 현실을 "사랑은 지독한, 그러나 너무나 정상적인 혼란"이라고 명명한 바 있다.

그렇다면 오늘을 사는 한국의 부부들에게 사랑 그리고 친밀한 관계란 무엇일까? 분명 많은 한국인 역시 결혼 상대자를 선택할 때 '사랑하는가? 혹은 사랑할 만한 사람인가?'라는 질문에서 출발할 것이다. 특히 드라마, 영화, 소설 등 다양한 대중매체를 통해 우리는 부부간의 사랑이 얼마나 중요한지 끊임없이 학습하고 혹은 강요당한다. 그래서 살펴보려고 한다. 합법적으로, 공식적으로 친밀해야만 하는 부부간의 '사랑'은 어떻게, 무엇으로 만들어지는지 말이다.


## '사랑'은 복잡하고 다양하다

부부간의 사랑에 대한 정의는 복잡하고 다양하다. 한국의 한 여성 철학자는 사랑을 낭만적·우애적·욕망적·이성적·광적인 사랑으로 구분할 수 있다고 정의하고,[4] 미국의 어느 여성학자는 여성적·남성적·양성적 사랑처럼 성별을 중심으로 사랑을 정의한다.[5] 한편 앤서니 기든스는 아무것도 믿을 수도, 진실하지도 않은 후기 자본주의 사회에서 '사랑은 일종의 종교와 같다'[6]고 말한다. 그리고 같은 맥락에서 울리히 벡과 엘리자베트 벡-게른스하임 부부는 사랑이 혼란스러운 사회에서 살아남기 위해, 자기 정체성을 확인하기 위해 필요한 감정이라고 말한다. 그러기 위해서 연인들은 서로를 다르게 보고, 그래서 삶이 달라지기도 하며, 사랑하는 과정에서 새로운 현실이 열리는 과정을 겪기도 하는데, 이렇듯 친밀감이 재구성되는 과정으로서 사랑을 정의하는 것이다.[7]

한편 철학이나 사회학뿐 아니라 사랑의 개념에 관심을 가진 학문이 심리학인데, 캐나다의 어느 심리학자는 사랑을 열정적·유희적·친구 같은 ·소유적·실용적·헌신적 사랑으로 나누어 사랑을 대하는 인간의 심리와 태도를 면밀하게 분석한다.[8]

첫째, 열정적 사랑eros은 강한 정서적 감정이 특징으로, 신체적 매력에 이끌리며 강력하고 육체적인 자극을 필요로 하는 관계다. 둘째, 유희적 사랑ludus은 사랑에 빠지거나 헌신할 의사가 없고 정서적으로 통제된 관계를 맺는 것이 특징이다. 따라서 다른 상대에게로 떠나기가 쉬우며, 여러 상대를 동시에 사랑할 수도 있다는 전제가 깔린다. 셋째, 친구 같은 사랑storge은 사랑을 많은 시간과 활동을 공유하는 특별한 우정이라고 여긴다. 상대에 대한 지나친 감정 표현은 삼가고 공유할 수 있는 관심사에 대해 이야기하기를 더 선호하며, 열정보다는 친구로서 알게 되는 과정이 더 중요하다고 생각한다. 서서히 발전해가는 정情에 근거한 지속적이고 진화적인 사랑의 유형이다.

넷째, 소유적인 사랑mania은 의존성과 질투가 특징이다. 사랑받는다는 사실을 반복해서 확인하고자 하는 강박적인 욕구가 있으며, 사랑에 대한 필요를 느끼면서도 사랑을 유지하는 것이 힘겹고 고통스럽다는 생각에 사랑하기를 두려워하기도 한다. 다섯째, 실용적 사랑pragma은 논리적이고 실용적인 쇼핑 목록 같은 사랑이다. 쇼핑 목록을 작성하듯 원하는 상대의 요건을 의식적으로 구체화하며, 상대가 자신에게 걸맞은지 합리적으로 계산하고 평가해서 적절한 사람을 선택한다. 마지막으로, 헌신적 사랑agape은 타인 중심적이고 자기 상실적인 사랑의 유형으로, 사랑을 의무로 생각한다. 따라서 사랑이란 감정이 아니라 의지의 표현이며, 상대에게 애정 어린 보살핌을 베풀어야 할 의무가 있다고 여긴다.

이처럼 보편적으로 구분되는 사랑은 남녀관계를 전제로 해서 출발한다. 즉 남녀관계의 문제로 사랑을 정의하는 데 익숙하며, 당연히 사랑은 남녀가 하는 이성애 중심적heterosexual인 것이다.*

이렇듯 사랑의 개념은 남녀관계를 이해하는 데 중요한 실마리다. 따라서 페미니스트들 역시 사랑을 어떻게 정의할지에 대해 다양한 관심을 기울여왔다. 우선 그들은 사랑이 사회적이며 문화적인 것이라고 여긴다. 감정emotion에 해당하는 사랑은 마치 사회와는 아무런 관계가 없는 개인적인 것으로 오해하기 쉽지만, 그렇지 않다는 것이다. 즉 감정은 개인과 사회적 조정의 문제이며[9] 문화적으로 특수한 것인데, 남녀 간의 사랑만을 정상으로 규정하는 이성애 중심, 남성 중심 사회에서 '남녀 간의 사랑'이라는 개념은 사회적·문화적 영향 아래 만들어진다고 보는 것이다.

이러한 차원에서 한국의 한 페미니스트 가족학자[10]는 이렇게 말한다. 현실적으로 여성은 결혼관계 내에서 사랑에 근거한 친밀성을 추구하기보다는, 가족에게 정서적 지원을 하고 어머니 노릇을 하는 도구적 기능에 더 충실하도록 강조된다고 말이다. 즉 여성 스스로 부부간의 사랑을 결혼생

---

* 성적 소수자의 인권이라는 관점에서 사랑을 이성애 중심적으로만 치부하는 데는 분명 문제의 소지가 있다. 하지만 이 책에서는 부부간의 사랑과 성 문제를 다루므로 이와 관련한 논쟁은 주요하게 다루지 않기로 한다. 물론 이성애적 사랑만을 사랑으로 규정하는 편협한 사고는 분명 잘못이다. 사랑에는 이성애적, 동성애적, 양성애적 사랑이 모두 존재하며 또한 모든 사랑은 존중되어야 한다는 것이 내 입장임을 밝혀둔다.

활에서 가장 핵심적인 것처럼 머리로는 생각하지만, 실생활에서 사랑에 대한 확인은 남편이 가사분담을 얼마나 해주고 여성을 배려하는가 하는 도구적 기능을 통해 확인한다는 것이다.

또한 페미니스트들은 남녀 간의 사랑 개념이 성적 욕망을 둘러싸고 다르게 규정된다는 점을 강조한다. 즉 여성은 사랑하는 상대에게 성적 욕구를 느끼지만 남성은 그렇지 않은 경우가 있다며 성별 차이를 구분하는 학자[11]도 있다. 한편 결혼한 부부가 결혼 상대를 선택하는 순간 낭만적인 사랑에 빠질 때와, 부부로서 지속적인 관계를 유지하기 위한 성숙하고 안정적이며 우애적인 전통적 이미지의 사랑 개념 사이에서 어떻게 협상하는지를 보여주는 데 관심을 갖는 여성학자[12]도 있다.

이렇게 다양한 각도에서 사랑을 바라보기 때문에 사랑을 한마디로 정의하기는 어려운 일이다. 하지만 인간의 삶과 부부의 관계에 관련된 사랑이라는 감정이 사회적·문화적 산물이라는 사실은 인정해야 할 듯싶다. 그렇기 때문에 그 사회가 처한 상황에 따라 사랑을 둘러싼 다양한 정치학이 작동하는 것 아니겠는가.


**사랑해서 결혼했지만, 서로 다른 사랑을 꿈꾼다**

내가 만난 열네 명의 남자와 여자가 생각하는 사랑의 정의는 무엇일까? 그들의 목소리를 통해 대한민국의 부부들이 직접 말하는 복잡하고 다양한 사랑의 개념을 만나보자.

"저는 서로 믿고 존경하고 상대방에게 까다롭지 않게 배려하고 그러는 거." -윤미자

"정말 필요한 건 사랑보다는 믿음이고, 이렇게 존경하는 맘이 아닌가 싶어요. 사랑은 기분 좋을 때는 사랑이지만, 기분 나쁠 때는 사랑이 아니고." -진수연

인터뷰 참여자 중 가장 나이가 많은 윤미자(49세), 그리고 플로리스트로 일하는 진수연(43세)은 열정적인 불같은 사랑보다는 믿음과 존경이 결혼관계를 유지하는 데 필요한 사랑이라고 정의한다. 또한 남성 참여자인 권경호(34세)도 이와 유사한 사랑관을 가지고 있다. "좀 팔불출 같은 소리지만 존경할 부분이 많아요"라고 아내에 대해 이야기하면서, 존경하는 이유를 "내가 힘들 때 도와주고 배려해주고 특히 우리 부모님한테 잘할 때"라고 답변했다. 권경호는 다른 인터뷰 참여자들과 비교하면 결혼 기간이 3년으로 짧고 남자들 중 가장 젊은 30대 초반인데도 한국의 전통적인 가족주의 속 부부간의 사랑을 내면화한 듯 보여 조금 놀랐다. 아마도 이런 사랑은 우애적 사랑 정도로 분류할 수 있을 것 같다.

한편 부부간의 사랑이 결혼 기간에 따라 다양하게 변화하고 있음을 알 수 있다. 즉 연애 시절, 결혼 초기, 자녀 출생 이후 등에 따라 낭만적 사랑이 어떻게 우애적 사랑으로 변화하는지를 보여준다. 40세라는 꽤 늦은 나이에 결혼한 박수진은 "연애할 때처럼 사랑하고 살면 피곤해서 어떻게 살아"라고 말하면서 "그런 피곤한 사랑은 힘들다"라고 덧붙인다. 즉 성애

적·낭만적 사랑에 따른 집중도 높은 에너지 소비가 계속되면 결혼이라는 일상생활을 유지하기가 힘들다는 것이 그녀의 생각이다. 그녀의 말대로라면 낭만적 사랑은 일종의 감정 노동이다. 결혼생활 13년째인 정재훈(38세)은 어떻게 사랑이 시간의 흐름에 따라 변하는지를 말해준다.

> "결혼생활은 운명공동체가 되는 거잖아. 일단 같은 생활을 하고 다른 일을 하면서 어떻게 해도 삶의 공통분모가 그만큼 많아지는 거니까. 그러고 보면 서로 운명공동체 뭐 이런 식으로 되는데, 그러니까 연애 관계하고 결혼생활하고는 폭과 깊이 면에서 엄청난 질적인 차이가 있다, 이렇게 생각을 하지."

정재훈은 서로에 대한 이해가 깊어지는 과정을 설명하면서 결혼 전의 낭만적 사랑은 얕은 것으로 본다. 하지만 결혼이라는 제도와 한국의 전통적인 가족주의가 만나면 가족공동체로서 더 깊고 끈끈한 관계가 형성될 수밖에 없고, 그것이 곧 부부간의 사랑이라는 것이다.

부부간의 사랑을 우애적인 사랑으로 정의하는 이들과 달리 열정적이고 낭만적인 사랑, 그것이 곧 부부간 사랑의 핵심이라고 꼽는 이들도 있다. 이혼한 지 1년이 된 박주연(38세)은 자신이 생각하는 부부간의 사랑을 이렇게 말한다.

> "살면서 그냥 같이 있는 게 좋을 때, 같이 있는 게 좋아서 같이 있고……. 예를 들어 같이 있는 게 좋아서 손님한테 차를 가져다줄 때

도 같이 동승하고 간 적도 있고, 서로가 같이 있는 게 좋다 보니까 그때는 서로 사랑하는 거 같았고, 같았지. 그때는 사랑한다고 느꼈지."

지금은 이혼했기 때문에 남편을 사랑한다고 말할 수 없지만 예전에는 남편이 일하는 곳에도 함께 따라다닐 정도로 사랑했는데, 그런 감정이 곧 부부간의 사랑이라고 박주연은 말한다. 다른 인터뷰 참여자들과 비교할 때 10년이라는 결혼 기간은 그리 짧은 기간이 아닌데도, 박주연은 왜 여전히 낭만적 사랑이 가장 소중한 감정이고 그것이 가장 중요하다고 여기는 것일까? 그 이유를 알기 위해 그녀의 지난 결혼생활에 대해서 좀 더 자세히 들여다볼 필요가 있었다.

그녀는 결혼하자마자 첫아이를 낳았고, 1년간 육아휴직 기간을 제외하고는 직장 맘으로서 결혼생활을 지속해왔다. 그리고 1년이 지난 후 바로 둘째 아이를 가졌다. 박주연의 남편은 자영업자로서 출퇴근이 늘 불규칙하고, 상당히 보수적이며 가부장적인 데다 한편으로 폭력적이기까지 한 사람이다. 그에게는 일하는 아내를 위해 가사나 양육노동을 분담해야 한다는 생각조차 없었다. 직장 맘으로 2년 터울의 아이 둘을 오롯이 양육하면서 결혼생활 10년을 보낸 그녀에게 남편은 챙겨야 하는 또 다른 짐 덩어리로밖에 여겨지지 않았다.

그러는 동안 연애 시절과 결혼 초기에 가졌던 사랑이라는 감정은 점점 사그라들었다. 그런데도 일방적으로 요구되는 남편과의 성관계는 그녀를 괴롭히는 또 하나의 일상이 되었다. 즉 그녀는 그녀와 비슷한 결혼 기간을 경험한 다른 사람들처럼, 부부로 살면서 쌓이는 정과 믿음을 경험하며 낭만적 사랑이 우애적 사랑으로 변환되는 과정을 겪지 못했다. 그래서 그녀가 정의하는 낭만적 사랑은 결혼 초기의 '한때 좋은 감정'으로만 기억된다. 여성 인터뷰 참여자 중 가장 젊은 채미정(33세)은 연애 시절 그녀가 내면화한 낭만적 사랑을 다음과 같이 말한다.

> "사랑을 잘 모르겠어요. (……) 결혼하기 전에 정말 사랑했던 남자가 있었는데 헤어졌거든요. 그 사이에 ○○ 아빠(남편)가 적극적으로 대시해서 결혼했어요. 그 당시 나 정말 절실하다, 정말 열정적인 어떤 사랑, 이거를 어떤 결실을 맺어야 해, 하면서 결혼을 택한 게 아니었기 때문에……. ○○ 아빠 나를 굉장히 케어해주고 사랑해주고 표현도 많이 하고 그런 스타일인데, 내가 ○○ 아빠를 사랑하고 있는 것인가에 대한 의구심은 때때로 일기도 해요."

채미정은 결혼 전 낭만적인 사랑의 경험이 있다. 하지만 현재의 남편에게 그런 감정을 느끼지는 못한다고 하면서 과연 남편을 사랑하고 있나 하는 의문을 던진다. 그녀가 결혼 전 사랑했던 상대에게 느꼈던 감정을 남편에게는 느끼지 못한다고 한다. 그렇지만 남편과의 성관계는 만족스럽다는 점을 이야기하면서 성적 만족감과 사랑을 구분해 말한다. 이것이 다른 인터뷰 참여자들과 다른 점이다.

한편 성애적 사랑을 부부간의 사랑에서 가장 중요한 덕목으로 꼽는 이들도 있다. 결혼생활 10년 동안 아이 없이 살고 있는 딩크족(의도적으로 아이를 갖지 않고 맞벌이하는 젊은 부부)인 서민수(37세)는 부부간의 사랑이 성적인 관계에서 비롯한다고 밝힌다.

> "남녀 간의 관계는 감정이 제일 중요하지요. 똑같이 좋은 친구인데,
> 이 친구하고는 만나면 뽀뽀하고 싶지 않은데 저 친구랑 만나면 뽀뽀
> 하고 싶은, 뭐 그런 거가 사랑이지요."

이렇게 사랑을 규정하면서도 서민수는 아이러니하게도 아내와의 성
관계는 가끔 하는 '연중행사'라고 말한다. 서민수는 일반적인 딩크족과는
다른 경험을 가지고 있다. 다른 부부들에 비해서 아이 양육에 대한 부담이
적기 때문에 서로 소통하고 애정표현을 하는 시간이 상대적으로 많을 것
이라고 기대됐지만, 실제 생활은 그렇지 않다고 답변했다. 아이 양육에서
자유로운 딩크족이라 하더라도 결혼 기간이 길어지면 부부가 서로의 관
계나 소통에 집중하기보다는 본인의 일에 더 집중한다는 것이 서민수의
경험이다. 부부 관계가 아무리 소원해진다 하더라도 아이를 잘 기르기 위
해 대화하고 마주할 상황이 생기는 것이 보통의 한국 부부라고 할 때, 아
이는 부부 관계의 매개체이고 결혼생활의 정서적 빈곤감을 다소 완화시
킬 수 있는 존재다. 하지만 서민수 부부처럼 각자 자기 일에만 집중하는
딩크족은 아이가 있는 부부보다 오히려 소통의 기회가 더 적을 수 있다.

한편 부부의 사랑을 의존적 사랑으로 규정하는 인터뷰 참여자들도 있
었다. 인터뷰에 참여한 이들 중에서 유일하게 중매로 결혼을 선택한 나현
정(43세)은 이렇게 말한다.

"결혼했으니까 같이 살아야지. 남편을 사랑해서라기보다는 그냥 그 관계 때문에 그래도 유지했었고, 지금은 어느 날 문득 생각하면, 어머! 남편이 없으면 나 혼자는 살 수가 없겠다 싶더라고요. 남편이 내 인생에서 빠져나가면 나 혼자는 독립해서 아무것도 할 수 없다는 생각이 들었어요. 이제는 뭐 그게 사랑인 거, 꼭 같이 있어야 되겠다……."

　결혼 전에도 임금노동을 한 경험이 없어 남편에게 경제적으로 완전히 의존하는 나현정은 생계 부양자인 남편에 대한 경제적 의존을 사랑으로 이름 짓는다. 아마도 남편에 대한 경제적 의존도가 높은 전업주부라면 나현정과 같은 생각을 하면서 결혼생활을 유지하는 경우가 많을 것이라고 본다. 극단적인 예일 수도 있지만, 남편이 지속적으로 폭력을 휘둘러도 아내가 이혼을 선택하지 못하는 가장 큰 이유가 보통 경제적 문제임을 생각할 때, 이러한 사랑에 대한 정의는 다른 결혼한 여성에게도 공감되는 부분이 많을 것이다.

　마지막으로 부부간의 사랑을 서로에 대한 소통과 배려, 그에 기초한 성적인 표현으로 정의하는, 다시 말해 우애적·성애적 사랑의 복합적 구성을 사랑으로 정의하는 인터뷰 참여자도 있었다. 부부가 함께 인터뷰에 참여한 김소영(47세)과 외국인인 앨버트(43세)는 결혼 적령기를 넘은 늦은 나이에 한국인과 외국인이 만나 결혼하게 된 부부이며, 아내가 연상이다. 이들은 사회운동 분야에서 함께 열심히 일하는 동료로서 서로 존중하고, 남편이 주 양육자로 아이를 키울 정도로 객관적으로는 별 문제가 없어 보이는 평등한 부부다.

하지만 이들의 속내를 들여다보면서 좀 놀라운 사실을 발견했다. 이 부부는 아이를 낳기 전 결혼 초기 3년 동안은 부부간의 사랑을 표현하는 성관계를 적극적으로 하면서 서로 사랑을 확인하고 소통하는 데 많은 시간을 투자했으며, 인터뷰 당시 그런 결혼 초기의 삶에 대해 참으로 만족스러운 결혼생활이었다고 밝혔다. 그러나 아이가 태어난 후 양육과 각자의 일 때문에 서로 얼굴 마주할 시간조차 내기 힘든 현실에 부딪히면서 다소 관계가 악화됐다고 말한다. 소원한 관계를 개선하기 위해 노력 중이지만, 여전히 바쁜 일상은 그들의 관계 개선에 그다지 도움이 되지 못한다고 한다.

그렇다면 김소영과 앨버트가 생각하는 부부간의 사랑은 무엇일까? 그들은 '자신의 어려움을 이야기하고 상담할 수 있는 것'으로 표현한다. 즉 그들이 생각하는 사랑은 '소통과 공감'이라고 할 수 있다. 그래서인지 현재 서로 사랑하고 있느냐는 질문에 둘 다 선뜻 대답을 하지 못했다. 그들이 '현재 사랑하고 있다'고 분명히 말하지 못하는 이유는 '서로 이야기조차 나눌 시간이 없기에 애무나 터치, 포옹을 포함한 어떠한 성적인 행동도 하지 않는 관계가 돼버린 것' 때문이 아닐까? 이런 이유 때문에 김소영과 앨버트는 이 인터뷰 참여 과정이 자신들의 결혼생활을 다시 되돌아보고 곱씹어볼 수 있는 좋은 기회가 되었다는 말을 하기도 했다.

김소영과 앨버트 부부는 서로 사랑해서 결혼했고, 주위에서는 그들이 서로 도우면서 잘 사는 평등한 부부라고 바라본다. 그러나 그들이 부부로서 서로 소통하고 사랑을 나누면서 정서적인 교감을 하는 데는 분명 문제가 있다. 아마도 대한민국 부부 가운데 이런 커플은 꽤 많을 것이다. 이는 현재를 바쁘게 살아가는 맞벌이 부부의 전형적인 사례로 보인다.

한편 '부부간의 사랑이 뭔지 잘 모르겠다'면서도 낭만적인 사랑을 부부간의 사랑으로 규정한 채미정의 남편 최민식(37세)은 사랑을 '서로에 대한 존중과 성적 매력'으로 표현한다. 그러면서도 "사랑에 대한 정의는 너무 복잡하고 힘들어요"라는 말로 본인의 사랑에 대한 정의가 유동적임을 밝힌다.

부부간의 사랑을 어떻게 정의할 것인가? 최민식이 말한 것처럼 복잡하고 힘들고 어렵다는 의견에 전적으로 동의한다. 그럼에도 인터뷰에 참여해준 열네 명의 남녀 참여자는 부부간의 사랑을 우애적·낭만적·성애적·의존적 사랑으로 구분했고, 이런 사랑이 상당히 복합적인 감정으로 얽혀 있음을 강조하기도 했다. 한편 한 사람의 결혼 경험에서도 이러한 각각의 사랑이 시간이 흐르면서 연속적으로 변하기도 하고, 어떤 경우에는 두 가지 혹은 세 가지 사랑의 감정이 겹쳐져 나타나기도 하는데, 이럴 때 "이게 사랑이구나!" 하고 느낄 수도 있다.

이렇게 서로 다른 다양한 사랑의 경험을 하고 있는, 그리고 다양한 사랑에 대한 이름 짓기를 하고 있는 열네 명의 남녀 사례가 결국 공통적으로 말하는 것은 '부부간의 사랑을 만끽하고 부부 생활이 충분히 만족스러우려면 서로 마주 보고 자주 대화하면서 사랑의 표현인 성관계도 잘해야 한다'는 것이다. 즉 부부간의 사랑을 성관계와 떼어서 설명하기는 힘들다는 것을 말해준다.

# 부부간의 성적 쾌락은
# 무엇으로 구성되는가?

지금까지 한국 사회에서 섹슈얼리티를 위계 권력, 정치학으로 보는 관점은 성이 얼마나 위험한 것인지를 비판하는 것에 치중해왔다. 즉 성적인 폭력(성폭력, 성희롱, 성매매)의 피해자/가해자 구도를 명확히 하고, 그들 사이의 권력관계는 어떠하며, 이런 위험한 성을 근절하기 위해서는 어떤 제도와 법을 만들어야 하는지에 대한 학문적·담론적 관심을 쏟아온 것이다.

반면 합법적이고 공식적인 부부 관계 내의 섹슈얼리티는 '아무런 문제 없는 안전한 성역'처럼 미루어두었고, 그 안에서 어떤 일이 일어나는지에 대해서는 별 관심이 없었다. 종종 드라마나 영화 혹은 예능 프로그램에서 부부간의 섹슈얼리티를 희화화하기도 하고, 이런 문제를 지적한다 해도 누구도 이를 진지하게 주목하지 않았다. 부부간의 은밀한 이야기이며 사적인 일이기에 공론화할 필요도, 굳이 관심을 가질 필요도 없다고 생각했기 때문이다.

하지만 정말 그럴까? '사적인 것이 정치적인 것이다'라는 페미니즘의 중요한 화두를 떠올려보면, 가장 사적인 공간인 집에서, 가장 합법적인 관계에서 일어나는 성관계가 가장 정치적이지 않을까? 그것에서 비롯한 위험이 사회 전체의 성적 위험 혹은 왜곡된 쾌락과 관련 있지 않을까? 그들이 앞서 말한 사랑은 과연 부부간의 성관계와는 어떻게 연결되어 있을까? 한국의 평범한 부부는 성적으로 친밀하면서도 안전한 섹슈얼리티의 관계 안에 놓여 있을까? 이런 질문에 답하기 위해, 사랑해서 결혼한 이들이 과연 성적으로 즐거운 삶을 살고 있는지부터 살펴보자.

성적인 관계 맺음을 한다는 것은 여성과 남성 모두에게 사랑을 표현하는 방식으로 동기화된다. 하지만 페미니스트들은, 여성은 결혼 전에 데이트를 하면서나 결혼 후 남편과의 성관계에서 느끼는 사랑의 감정을 더 중요시하는 반면, 남성은 성적 즐거움 또는 쾌락에 더 많은 방점을 둔다고 이야기한다. 성관계를 둘러싸고도 남성과 여성 간에 차이가 있다는 것이다.[13] 이는 한국의 성 매수자 가운데 다수가 결혼한 남성이라는 점에서도 다소 설득력 있는 주장이기도 하다.

하지만 내가 만난 인터뷰 참여자들의 답변 내용을 보건대, 남녀의 성별 차이가 부부간의 사랑을 정의하는 데 결정적이라고 결론내리기는 어렵다. 왜냐하면 그들이 말한 부부간 사랑의 정의도 남녀의 차이로 양분되기보다는 그들이 어떤 인생을 살았느냐, 어떤 결혼 경험을 했느냐에 따라 다양하게 나타났기 때문이다. 그렇다면 부부의 사랑을 표현하는 것이기도 하고 관계의 친밀감을 표현하는 방식이기도 한 성관계가 결혼관계 안에서 어떻게 다양하게 경험되는지를 인터뷰 참여자들의 이야기를 통해 살펴보기로 하자.

## 우리 부부가 섹스리스인 이유

6년 동안 아내와 성관계를 하지 않으면서도 결혼관계를 유지하고 있는 윤동진(38세, 2008년에 이혼했으나 인터뷰 당시에는 결혼관계 유지), 인터뷰 참여자 중 유일하게 이혼을 한 박주연은 각각 남성과 여성이지만 사랑이라는 감정과 성적 즐거움, 만족감 사이에 밀접한 연관이 있음을 그들의 경험을 통해서 밝힌다.

> "사랑을 할 때는 성관계하는 것이 좋은데 사랑을 하지 않을 때는 성관계 자체가 상당히 부담스러웠던 것 같아. 사랑해서 결혼했는데 부부관계 그게 안 맞는다고 그걸로 인해서 사랑하는 맘이 변하고 그러지는 않는 거 같고. 나 같은 경우는 그 부분에 대해서는 별로 문제가 없었고." -박주연

박주연은 전 남편과 속궁합이 그리 나쁘지 않았다고 말하면서, 그녀가 이혼한 원인이 성적인 문제는 아니었음을 분명히 했다. 하지만 부부로서 의사소통이 어려워지고 심지어 남편의 폭력적인 언행이 반복되면서 별거와 이혼을 경험했다. 처음엔 남편과의 성관계가 즐거웠지만, 관계가 악화되면서 남편과의 성관계가 정말 죽도록 싫어질 만큼 변했다는 것이다.

한편 윤동진은 이른바 '속도위반'으로 결혼했고 신혼 초 아내가 만삭이 될 때까지도 적극적으로 성관계를 할 정도로, 성관계가 부부 사이의 의사소통과 친밀도를 높이는 중요한 방식이었음을 밝혔다. 하지만 아이를 낳은 후 양육과 가사분담 문제, 특히 학원 강사인 아내가 퇴근 시간이 늦

는 것까지는 이해하겠으나 잦은 술자리 등으로 인해 양육과 가사노동에 소홀해지는 등의 이유로 점점 아내와의 관계가 소원해졌다고 한다. 그래서 그렇게 좋아했던 아내와의 성관계를 인터뷰 당시 6년 동안이나 하지 않은 채 섹스리스 부부로 지내고 있음을 밝혔다.

> "지금…… 안 한 지 한…… 6년 정도 됐지. 처음에는, 우스운 얘긴데, 벌을 주자는 생각으로 관계를 안 갖기 시작했어. 요구를 해도 거부했어. 그랬더니 한 보름에서 20일 정도 지나니까 묻더라고. 왜 그러느냐고? 왜 그런지 모르겠냐고, 난 너한테 지금 화가 났다는 걸 표출하는 거다, 관계를 안 가지는 게. 웃는 거야. 사람이 왜 그렇게 유치하냐는 듯이……. 너는 유치해 보일는지 모르겠지만 나는 나를 희생하면서, 너한테 내 욕구도 눌러가면서 의사 표시를 한 거다. 이러이러한 부분에서 난 불만이다. 그 불만이 뭔지 알 거 아니냐. 그게 촉발이 된 게, 술을 먹고 새벽에 한 4시쯤에나 들어왔어. 누구랑 술 먹었는지, 왜 새벽 4시에 들어왔는지 나한테 일언반구 말도 없는 거야. 그렇다고 뭐 어머니한테 해명을 한 것도 아니고. 어머니 입장에서는 황당하잖아."
>
> (시부모님과 살 때?)
>
> "어어……."

윤동진은 보편적인 한국 남성과는 다른 방식으로 아내에 대한 불만을 표현했다. 즉 서로 정말 좋아했던 성관계를 의도적으로 하지 않는 것이었다. 그리고 그런 자신의 화난 감정을 '성관계 안 함, 거부'로 표시하는 것이 일시적인 것이 아니라, 6년 동안 지속되었다. 그런데도 결혼생활을 계속 유지하고 있다는 것은 놀라운 일이다. 그렇다면 그런 남편의 태도에 대한 아내의 생각은 어떨까? 사실 윤동진의 아내에게 인터뷰를 요청했으나 거절당했다. 사이가 좋지 않은 남편의 지인이 청하는 인터뷰, 그것도 부부의 사랑과 성에 대한 사적인 내용을 캐묻는다니 선뜻 참여하고 싶지 않았으리라고 짐작된다. 그래도 윤동진의 인터뷰 내용에서 어느 정도는 그녀의 생각을 읽을 수 있다.

"가끔 집에 늦게 퇴근해서 들어가면 집사람이 자고 있단 말이야, 애하고. 집사람이 치마를 입고 자면 이게 걷어지는 경우가 있어. 몇 차례는 속옷을 안 입고 있는 경우가 있어. 성기가 다 적나라하게 보이는…… . 보통의 사람이라면 달려든단 말이지. 근데 난 추해 보이더라고. 그래서 살짝 이불을 덮어줬어. 만약에 내가 와이프하고의 친밀감이 어느 정도 존재하고 있다 그러면 달려들었겠지. 사고, 이성이라는 게 그렇더라고. 일단 '아니다' 싶으니까 손목, 살 부딪치는 것도 싫어. 그러면 아주 적나라하게 성기를 보더라도 성욕이 안 생겨."

윤동진의 사례를 보면, 남자는 사랑하는 감정이나 친밀감과 무관하게 오로지 성적 쾌락을 위해서 '아무나'와 성관계가 가능하다는 기존의 통념이 모든 남성에게 적용되는 것은 아님을 알 수 있다. 그러나 윤동진이 자신의 의지대로 성관계를 하지 않고 결혼생활을 유지할 수 있는 것도 그가 남자이기 때문에 가능한 일이며, 그가 결혼관계에서 권력의 우위에 있음을 말해주는 것이다. 만약 그가 여자라면 아마도 남편은 그를 억지로 강간했을지도 모른다. 그것은 바로 박주연의 사례에서 나타난다. 박주연은 감정적으로 소진한 상태에서 정말 원치 않는데도 남편이 원하면 억지로 성관계를 한 경험이 있었다고 밝혔다.

한편 평등한 부부로 가사도 육아도 착실하게 분담하고 서로에 대한 신뢰와 존경이 여전하다고 말했던 김소영과 앨버트도, 그들의 가장 큰 문제는 아이가 태어난 이후 5년간 어떠한 성적인 표현, 애무, 성관계를 하지 않고 살고 있다는 점이라고 말한다.

> "연애할 때는 상당히 적극적인 표현을 많이 했죠. 아이 낳고 난 다음인 거 같아, 애 낳기 전까지는 그러지 않았어요. 매우 중요한 부분이었지, 3년 동안 중요한 부분이었지. 지금 생각해보니까 그러네. 아이 낳고 나서도 중요한 건데……." -김소영

> "음…… 아까 말씀했는데, 그…… 좀 여유가 생긴다, 라는 게 그 일 때문에, ○○ 엄마가 너무 스트레스 많았어요. 그런 상황에서 같이 그…… 으…… 아휴, 안아주려고 하는 그런 느낌이 없었어요."
> -앨버트

김소영이 이른바 결혼적령기를 넘겨 40세가 될 때까지 결혼을 선택하지 않은 이유는 직장생활뿐 아니라 사회운동 등 다양한 사회활동을 경험

하면서 결혼에 대해 다소 부정적이었기 때문이다. 따라서 앨버트를 만나기 전까지는 결혼을 적극적으로 생각해본 적이 없다고 한다. 하지만 앨버트를 만나면서 서로 사회를 보는 시각이 같다는 점에서 신뢰하고 사랑하게 되었고, 그리하여 외국인이지만 결혼을 결정하게 되었다. 그런 두 사람의 적극적인 사회활동은 결혼 후에도 그다지 변화가 없었다.

그런데 아이가 태어나자 두 사람은 양육과 관련된 일거리가 더해지면서 서로를 바라보고 함께 여가를 즐길 여유가 없었다고 한다. 시간에 쫓기는 일상은 그들 부부의 소통에 첫 번째 장애가 되었으며, 이들에게 성적인 관계를 맺는다는 것은 어려운 숙제가 되고 말았다. 이런 일상의 반복은 결국 친밀감의 공백으로 이어졌다. 이들의 문제는 우리가 흔히 말하는 일과 생활의 양립이 힘든 한국 사회의 문제이기도 하지만, 일을 개인의 삶이나 관계보다 중요시하는 김소영과 앨버트의 가치관 때문이기도 할 것이다. 하지만 그들에게 양육이라는 부담이 줄어든다면, 이를 사회가 좀 더 적극적으로 맡아준다면, 혹은 아이가 커서 양육노동이 조금 덜해진다면 그들 부부의 관계 개선은 가능하지 않을까?

김소영과 앨버트는 부부간의 성적 친밀성을 전혀 표현하지 않고 사는 본인들의 삶을 문제로 인식하지만, 그렇지 않은 인터뷰 참여자도 있었다. 플로리스트로 일하는 진수연은 이렇게 말한다.

"남편이 한 30번 정도 하자고 그러면 한 번이나 할까 말까. 그러면 남편이 막 못살겠다고 소리소리 지르면⋯⋯. 제가 잘못했잖아요, 그러니 제가 가만있어야 되는데, 저는 거기서 뭐라고 하냐면, 자기는 하고 싶은데 안 돼서 못살겠다고 하지만 나는 하기 싫은데 하자고 하자고 해서 못하면 내 마음은 뭐 그렇게 편한 줄 아느냐? 나도 못살겠다, 그래요.”

진수연이 남편과의 성관계를 이렇게까지 하기 싫어하는 이유, 그러면서도 결혼생활은 유지하는 이유가 궁금해졌다. 그녀가 밝힌 이유는 현재의 남편이 본인의 첫사랑이 아니기 때문이라는 것인데, 첫사랑에게서 일방적으로 차이고 나서 선택한 사람이 현재의 남편이라고 했다. 그리고 외동딸인 자기만 보고 사는 부모한테 불효하기 싫어서 이혼은 절대 안 한다는 것이, 그녀가 남편과의 성관계가 정말 싫어 연중행사로 겨우 하면서도 이혼은 생각하지 않는 이유다.

하지만 인터뷰 주선자인 진수연의 이웃 친구로부터 들은 이야기는 조금 달랐다. 그녀는 같은 교회에 다니는 유부남과 바람이 나서 이혼 위기에까지 이르렀었으나, 상대 남성이 다른 동네로 이사를 가게 되면서 현재는 잠잠해졌다는 이야기였다. 진수연은 소문에 대한 이야기는 인터뷰 중에 하지 않았지만, 남편과의 소원한 관계 때문에 ‘다른 남자와 바람이 났다’는 오해를 받은 적도 있지만 그런 일은 결코 없었다고 단호히 말했다.

그렇다면 진수연의 남편은 어떤 마음으로 진수연과 결혼생활을 유지하는 것일까? 즉 배우자가 성적 요구를 제대로 들어주지도 않고 바람났다는 소문까지 돌았는데 왜 이혼하지 않고 계속 결혼생활을 유지하는 것일까 궁금해졌다.

"사실 남편이 둘째 아들이에요. 근데 큰형이 두 번이나 이혼을 했어요. 그러니 자기까지 이혼하면 안 된다는 생각이 굉장히 강해요. 그리고 사실 제가 성관계를 자주 안 하는 거 빼고는 크게 문제는 없으니까요. 그것 때문에 가끔 다투기는 하지만……. 그리고 저는 외동딸이에요. 친정 부모님이 저만 바라보고 사시기 때문에 이혼하기 힘들죠."

진수연의 사례에서 보듯, 부부간의 성관계를 둘러싼 서로 다른 욕구는 분명 부부 관계의 트러블 요소가 된다. 하지만 부부의 관계 유지가 오롯이 개인적인 선택과 판단으로만 이루어지는 것이 아니라는 것을 그녀의 사례에서 확인하게 된다. 즉 결혼한 부부 관계에서 자신은 '남편' 혹은 '아내'지만, 원 가족과의 관계에서는 누구의 '아들'이자 '딸'이므로 각자 역할에 맞는 소임을 다해야 한다는 점을 무시할 수 없다는 말이다. 그래서 진수연과 그녀의 남편은 만족스러운 성관계를 하지는 못하지만 그것이 이혼 사유가 될 수 없다는 점을 분명히 하고 있다.

부부간의 사랑을 의존적인 사랑이라고 정의했던 나현정은 남편과의 성관계에 대해 다음과 같이 말한다.

"글쎄, 저는 거기에 별로 비중을 안 둬요. 그게 횟수가 별로 중요한 건 아니지만, 글쎄 우리가 좀 비정상인가 싶은 생각은 했었거든요. 근데 워낙 애 아빠가 아침 일찍 가고 밤늦게 오고 그런 생활을 많이 하다 보니까, 그 관계는 별로 안 하고 대신 대화를 둘이서 많이 하는 편이에요."

중매로 결혼한 나현정은 부부간의 친밀성 유지는 성관계보다 대화를 통한 일상의 공유로 가능하다는 의견이다. 하지만 그녀가 '비정상인가'라는 생각을 했다는 것을 보면 부부간의 친밀성 유지에 성관계가 중요한 역할을 한다는 보편적인 생각을 부정하지는 않는 것 같다. 그럼에도 나현정은 성관계를 '그게' 혹은 '그 관계'라는 식으로 표현한다는 점에서, 19년간 결혼생활을 해왔음에도 여전히 성관계를 공식적인 언어로, 자기의 경험으로 이야기하기를 꺼리는 소극적인 태도를 보인다.

한편 가장 오랜 결혼 기간을 경험하고 인터뷰 참여자 중 가장 나이가 많은 윤미자의 경험에서, 결혼관계가 지속되면서 부부간의 성관계를 둘러싼 태도나 생각, 행위가 어떻게 변화하는지를 알 수 있다.

"초창기에, 결혼했을 때는 아우 정말 그런 육체적인 게 이렇게 좋구나, 이런 걸 해서……. 어떤 때는 농담 삼아 진작 할 걸……. 근데 한 3~4년 지나니까 그래도 서로 의무적으로 해야 하는 거 아닌가 생각하기도 하고."

20년간 결혼생활을 유지해오면서 윤미자는 신혼 초기 부부간의 성관계가 참 좋았고 '진작 그 맛을 알았으면'이라고 했지만, 시간이 흐르면서 결혼관계를 유지하기 위한 의무로 성관계를 규정하기도 한다.

결혼 10년차에 접어든 서민수도 윤미자와 비슷한 입장에서 현재의 성관계가 그들의 부부 관계에서 의미하는 바를 다음과 같이 말한다.

> "그거는 계기나 분위기나 이런 거에 따라서 그리고 예전처럼 시도 때도 없이 막 그냥 그러진 않고, 아 그건 나이 때문에 그런 건가? 아니면 익숙해져서 서로에게 바쁘고, 아! 옛날에 비해서 피곤하고, 당연한 거 아닌가요? 그리고 이제 아내는 내 가족이라는 생각은 들지만 애인이라는 생각은 별로 안 드는데……."

자녀가 없는 서민수는 부부 둘만의 오붓한 시간이 더 많을 것이고, 그래서 그들은 아이가 있는 부부와 달리 부부간의 성적 친밀성을 더 깊이 더 자주 경험할 것이라고 짐작하게 되지만, 현실은 그렇지 못했다. 이는 김소영과 앨버트 부부처럼 아이가 생겨서, 일이 너무 바빠서 성관계를 못한다는 일종의 일/가정 양립이라는 제도적인 문제 때문에 발생하는 성적 친밀성의 소원함과는 다른 문제로 보인다. 즉 서민수의 경우 아이가 있고 없고, 시간적인 여유가 있고 없고와는 무관하게, 익숙하고 오래된 커플에게서 보이는 성적 긴장감이 없어지는 관계의 변화를 맞이하고 있다. 그의 표현대로 '아내는 가족이지 애인이 아니니까'라는 말이 함의하는 것은 서민수에게 성적 매력을 느끼는 상대에 대한 또 다른 각본이 있음을 암시한다.

## 사랑하는 부부라면 규칙적인 성관계는 필수

하지만 서민수와 달리, 결혼 기간에 비례해서 부부간에 성관계 횟수가 줄

고 이에 대한 만족감에도 차이가 나타난다는 의견에 과감히 반대 의견을
낸 인터뷰 참여자가 정재훈이다.

"나 같은 경우에 일주일에 한 번 했다, 그런데 만약에 어쩌다가 그 일
주일이 넘어가버렸다, 그러면 이제 하고 싶은 마음이 강해지는 거지.
와이프를 봤는데 어느 날 갑자기 보니까 예뻐 보인다든지 그럴 경우
외부 자극에 의해서 하고 싶을 때가 있고. 나는 만약에 부부간에 성
관계가 원만하지 못하다, 서로 만족을 못한다든지, 아니면 남자가 성
적 능력이 뭐 그렇게 좀 부족하다는 느낌을 받는다든지, 그러면 그게
이제 부부간의 관계에 악영향을 많이 미칠 것 같아."

결혼 12년차에 접어든 정재훈은 원만하고 규칙적인 성관계를 하면서
느끼는 즐거움은 결혼생활 유지에 필수 요건이라고 생각한다. 결혼관계에
서 남편이 성적 능력을 제대로 발휘하지 못하면 악영향을 미친다는 표현
을 쓸 정도로 '원만한 결혼관계=부부간의 성적 만족도'라는 생각을 강하
게 어필한다. 그런 맥락에서 정재훈은 아내에게 '예쁘다'고 말하고 평소에
도 전화를 자주 하거나 스킨십을 자주 하는 등의 예를 들면서 "아내를 예
뻐해주는 것이 아내를 사랑하는 것"이라고 표현하기도 한다. 이러한 이야
기를 종합해보면, 정재훈은 아내와 친밀한 관계를 유지하기 위해서 할 수
있는 스킨십, 성관계 그리고 친밀감을 표현하는 말 등은 남편이 주도적으
로 해야 하는 역할이라고 자기 최면을 걸고 있음을 알 수 있다.
정재훈과 비슷한 생각을 하는 사람은 여성 면접 참여자 중 가장 젊은

33세의 채미정이다.

"성적인 관계는 굉장히 중요한 것 같아요. 음…… 그 친밀감을 높이는 아주, 굉장히 좋은 중요한 습관……. 성적인 관계를 자주 갖고 서로 간에 정말 만족하고. 어, 제가 가족들 속에서 정말 하나 된 느낌, 그게 되게 기분 좋거든요. 기분 좋고, 그리고 그 이후에도 아, 내가 아, 이 사람이 내 옆에 있구나! 그런 느낌……."

채미정은 자기가 진정 남편을 사랑하고 있는지는 잘 모르겠다고 이야기했지만 성관계에는 상당히 만족감을 느끼고 있었다. 즉 그녀에게 성관계, 스킨십은 가족이 하나가 되는 과정이고, 이러한 만족감은 행복감으로 연결된다. 이러한 채미정의 생각과 달리 그녀의 남편 최민식은 아내를 사랑하고 아내가 예쁘다고 말하지만, 성관계는 그리 만족스럽지 못하다고 말했다.

"일단은 ○○ 엄마가 너무 몸이 약해서 내가 하고 싶을 때 못하는 경우도 많고, 남자는 일이 잘 안 풀리고 힘들 때 그게 하고 싶을 때가 있는데, 이 사람은 피곤하면 하는 거를 싫어해요. 그리고 ○○ 엄마는 혼자 좋아해. 그리고 너무 금방 끝나요. 그러고 나면 난 너무 허탈해요."

최민식의 아내인 채미정은 여성 참여자 중 유일하게 남편과의 성관계가 만족스럽다고 답변했는데, 이와 달리 남편 최민식은 만족스럽지 못한 아내와의 성관계를 상세하게 밝혔다. 본인이 원할 때 성관계를 할 수 없다는 불만과 아울러, 성관계를 할 때도 서로 다른 오르가슴 타이밍 때문에 만족하지 못하는 심정을 솔직히 드러냈다.

> "몸이 막 당길 때 있거든요. 꼭 뭐…… 아이, 제가 사실 이게 생활이 각박하고 이럴 때 남자들은 그럴수록 성 욕구를 느껴요. 저는 막 피곤하고 이럴 때 오히려 성적인 욕구를 느끼는데, 이제 여자들은 생활이 각박하고 그러면 좀 덜 느끼는 것 같아요. (……) 둘 다가 원해야 되잖아요. 그냥 무데뽀로 성생활을 할 수는 없으니까, 혼자 할 수는 없는 거니까. 그러니까 어, 조금 시간이 많이 있어야 될 것 같아요. (……) 생활 패턴에 좀 더 여유가……."

최민식은 만족스럽지 못한 부부간의 성생활을 스스로 분석하건대, 본인은 피곤하고 힘들 때 성관계로 해소하고 긴장감을 풀었으면 좋겠는데 아내는 그렇지 않다, 한마디로 성관계를 하고 싶은 타이밍이 맞지 않는다는 점이 가장 큰 불만이다. 그래서 찾은 해결책은 너무 바쁘지 않고 생활에 여유가 있어야 한다는 것, 그러면 이런 문제가 해소되지 않을까 하는 기대를 한다.

일곱 명의 여성과 일곱 명의 남성이 경험한 결혼생활의 다양한 차이가 부부간의 사랑에 대한 서로 다른 정의를 내리게 했듯이, 부부간의 성적 친밀성이 그들의 결혼생활에서 차지하는 비중 역시 많이 달랐다. 어떤 이는 몇 년 동안 성적 친밀성을 표현하지 않는 섹스리스 결혼생활을 유지하고 있고, 또 어떤 이는 일주일에 한 번 꼬박꼬박 성관계를 하는 것만이 결혼생활을 유지하는 가장 큰 원동력이라고 믿는다. 부부간의 친밀성을 충분히 표현하고 산다고 생각하는 부부 중에서도 한 사람은 상당히 만족스럽다고 하지만, 다른 한 사람은 전혀 만족스럽지 못하다고 구구절절 이야기한다. 겨우 열네 명의 부부지만, 성관계를 둘러싼 그들의 생각, 행위, 의식은 정말 달라도 너무 다르다. 그럼에도 그들의 다수가 동의하는 것은, 그래도 부부가 재미나게 서로 소통하면서 살려면 성적인 친밀성을 표현하는 것이 필요하다는 점이다.

그런데 그러지 못하는 이유는 결혼 기간이 오래돼 이제 더 이상 상대에게 성적 매력을 못 느껴서, 혹은 먹고사는 일에 집중하다 보니 상대에 대한 애정이 식거나 신뢰가 없어져서 등으로 다양한 이유를 댄다. 어찌 됐건 열네 명의 참여자 중 현재 부부간의 성관계에 대해 자신 있게 "난 너무 좋다"라고 말하는 사람은 딱 두 명, 정재훈과 채미정뿐이었다. 그런데 채미정의 남편 최민식은 성관계의 불만스러움을 토로했다.

그렇다면 이제 무엇에 대해서 이야기할 수 있을까? 다수의 섹스리스 커플, 성관계를 하더라도 불만족스럽고 그런 불만을 서로 소통하지 못하는 이들의 성적 욕망은 어떻게 충족되고 있는지에 대한 질문을 하지 않을 수 없다.

# 결혼 밖의 성
## 성적 배타성과 욕망의 딜레마

분명 대한민국은 부부간의 성관계만이 합법적이며, 결혼한 부부가 배우자 외의 상대와 성관계를 하는 것은 엄연히 불법이다. 그 관계가 대가를 지불하고 행하는 성매매든, 서로의 동의하에 이루어지는 혼외 성관계든 말이다. 즉 우리나라는 2004년에 제정된 성매매방지법에 따라 성매매가 불법이며, 간통 역시 법으로 처벌하는 몇 남지 않은 나라에 해당한다. 그런데 참 아이러니하게도 대한민국에는 합법적인 성관계를 거의 하지 않는 섹스리스 부부의 비율이 점점 높아지고 있고, 심지어 아이들의 교육 때문에 서로 떨어져 사는 기러기 가족이라는 희한한 가족 형태도 존재한다. 이에 따라 비동거 가족인 기러기 가족의 남편과 아내가 외로움을 달래기 위해 외도를 경험했는가를 보여주는 연구[14]가 있는가 하면, 남편의 외도를 알면서도 자녀 교육을 위해 기러기 가족 생활을 계속 유지하는 기러기 엄마의 경험을 담은 연구 결과[15]도 있다.

내가 만난 인터뷰 참여자들 역시 결혼 기간에 따라 다소 차이가 있긴 하지만, 인터뷰 당시 배우자와의 성관계를 원만하게 잘 수행하고 있다고 답변한 사례는 정재훈을 제외하고는 거의 없었다. 그렇다면 그들은 '결혼한 남녀는 배우자와의 성관계만이 합법이고, 그렇지 않은 경우 형사처분도 가능하다'고 규정하는 우리 사회의 성적 배타성에 대해서는 과연 어떻게 생각할까?

참 이상하게도 인터뷰에 참여한 섹스리스 부부 중 아내는 남편의 성적 배타성에 대한 신뢰가 상당히 높았다. 플로리스트 진수연, 남편이 성관계를 하자고 30번 요구하면 한 번 정도 할까 말까라고 응답한 그녀도 남편의 혼외 성관계를 의심하지 않는다. 남편은 어떤 일이 있어도 그녀와 이혼하고 싶어 하지 않기 때문에 당연히 혼외 성관계를 하지 않을 것이라는 짐작이다. 아이를 낳은 이후 남편과 어떠한 스킨십도 하지 않는다고 한 김소영 역시 자신의 남편은 성적 배타성을 굳건히 지킬 것이라고 믿는다. 왜냐하면 서로 사회운동을 하면서 만났고, 외도를 할 만한 시간적·정서적 여유가 없다고 판단하기 때문이다.

그녀들의 답변에서 중요한 건 그녀들의 남편이 성적 배타성을 정말 지키고 있는지 아닌지 명확한 근거를 찾는 데 있지 않다. 내 질문은 그녀들이 어떤 근거에서, 자신들의 남편이 부부관계에서 성적 즐거움을 만끽하지 못하더라도 혼외 성관계를 선택하지 않고 무성적으로 삶을 살아갈 것이라고 신뢰하는가에 대한 것이다. 우리는 대중매체를 통해 한국 남성이 일회적인 성매매를 얼마나 자주 하는지 알 수 있고, 드라마에서도 기혼 남성의 혼외 성관계는 지겨울 정도로 자주 등장하는 단골 소재다. 그런데도 그녀들은 '세상 남편들이 다 바람을 피워도 내 남편만은 그렇지 않다'

고 자기최면을 건다. 이는 그런 믿음이 없다면 현재의 결혼생활을 유지할 힘이 없어서가 아닐까? 그렇다면 '결혼관계를 원만하게 유지하는 데 성관계가 꼭 필수 조건은 아니야'라거나, '성적 배타성은 아내만 지키면 돼'라는 주장을 다시 생각해봐야 하지 않을까? 이제 이런 질문을 중심으로 대한민국 부부의 성적 배타성에 대해 짚어보기로 하자.

## 어긋난 결혼관계, 성적 배타성과는 무관하다

이혼한 박주연은 남편과의 성관계를 의도적으로 피해왔던 이혼 전 3년 동안 남편의 혼외 성관계를 인지했으나 그저 묵인했던 경험을 말한다.

> "그 사람이 그러니까 외박한 적은 있고 그랬어. 그러니까 뭐 술 먹고 술 취해서 잤다, 한 달에 한 번 정도 꼴로 가끔 그런 사고를 쳤거든. 아침에 들어오는……. 근데 뭐 새벽 2~3시에 들어오는 거는 대부분이고. 그때도 안 들어오고 아침에 들어오는 날은 그랬는데, 외박에다 촉각을 곤두세워서 막 이렇게 여자 있네, 의심해보고 좀 이것저것 살펴보고 이랬으면 모르겠는데……. 또 그냥 말하면 그런가 보다 하고 그냥 넘어갔기 때문에, 아마도 별로 신경 안 쓰니까 그랬겠지?"

부부 관계가 악화되어 이혼까지 생각하는 경우는 상대 배우자의 혼외 성관계에 신경 쓰지 않거나 혹은 성적 배타성을 배우자의 의무라고 생각하지 않는 경향이 있다. 이는 여성 참여자뿐 아니라 남성 참여자인, 현재 이혼한 윤동진 역시 비슷한 생각을 갖고 있었다.

"내 입장에서는 이미 갈라서기로 암묵적으로 합의가 되어 있단 말이지. 그랬을 때는 서로서로 터치 않는 게 난 올바르다고 보는 거야. 성욕도 식욕과 마찬가지로 늘 사람에 따라, 이게 양의 차이나 질의 차이는 있겠지만, 항상적으로 요구하는 부분이란 말이지. 이미 갈라서기로 했으면 그 부분에 대해서는 각자 사생활인 거니까."

같은 섹스리스 부부라 하더라도 결혼관계 유지를 전제로 한다면 배우자의 성적 배타성은 중요한 의무 사항으로 이야기되며, 그것이 결혼관계 유지에 중요한 근거가 된다. 하지만 결혼관계를 더 이상 유지할 의사가 없는데도 현실적인 여러 가지 이유로 당장 이혼을 선택하지 못한 부부의 경우 혼외 성관계는 상대방의 사생활 문제로 여겨지거나, 더 이상 관여할 사항이 아닌 일로 생각된다. 박주연과 윤동진의 사례에서 혼외 성관계를 둘러싼 중요한 지점을 파악할 수 있다. 즉 혼외 성관계 때문에 부부가 이혼을 선택하는 것이 아니라, 부부 관계를 유지하기 힘든 여러 가지 문제로 더 이상 원만한 결혼생활이 어려워질 때 혼외 성관계가 발생할 수 있다는 점이다. 종종 배우자의 혼외 성관계가 직접적인 이혼 사유가 되기도 하지만, 적어도 내가 만난 인터뷰 참여자들은 그랬다. 밝히기 어려운 경험이지만, 박주연은 남편과의 결혼관계를 유지하면서 그녀가 경험한 혼외 성관계에 대해 말해주었다.

"뭐 그러니까 그때는 어떤 기분이었냐 하면, 그게 뭐 섹스의 요소가 아니라 내 정신이 열리는 기분이 들었거든. 그러니까 그 친구도 나도 가정을 갖고 있는 상태에서 서로 어떤 것도 요구를 안 했어. 원하지도 않았고. 그리고 자기 자신한테도……. 근데 이제 그런, 처음에는 플라토닉 러브로 시작을 해서 나중에는 그게 사랑을 하면 육체적으로 같이 있고 싶은 생각은 따라가게 되는 것 같아."

남편의 폭력으로 인해 1년간 별거를 했고, 아이들 때문에 다시 합쳐서 2년 동안 살았던 박주연은 남편과 '무늬만 부부'로 살았다. 혼외 성관계를 의심할 만한 남편의 잦은 외박을 묵인하면서 그녀 역시 정서적·성적 친밀감의 부재를 해소할 방법이 필요했을 것이다.

그렇다면 6년 동안 아내를 벌주기 위해서 성관계를 하지 않고 결혼관계를 유지했던 윤동진, 그는 어떻게 성적 욕망을 해소했을까?

"외부에서 사람을 만나면서 자신의 외로움이라든지 그런 것들, 가족 안에서 풀지 못하는 부분을 밖에서 푸는 것……. 안에서 풀려고 노력은 했지만 스스로 불가능하다고 판단했기 때문에 밖으로 돈다고 생각해."

(그럼 성적인 욕구는 어떻게 해결했는데?)

"뭐 가끔 샀지 뭐."

6년간 아내와 한 번도 성관계를 하지 않고 결혼생활을 유지해왔다는 윤동진은 너무나 담담하고 당연하게, 성적 욕구는 성매매를 통해 해소했다고 답변했다. 이혼은 염두에 뒀지만 결혼관계를 유지해온 박주연과 윤동진은 매우 비슷한 태도를 보였는데, 자신들이 배우자와의 성관계를 의도적으로 하지 않았기 때문에 각자의 배우자에게 성적 배타성을 요구하거나 그들의 혼외 성관계 여부에 관여하지 않았다는 것이다. 하지만 박주연과 윤동진은 자신들의 성적 욕구를 해소하고 새로운 관계의 친밀성을 만들어가는 방식에서는 큰 차이를 보였다. 박주연은 오랜만에 만난 중학교 시절 첫사랑과의 플라토닉 러브로 표현되는 관계 안에서 혼외 성관계를 경험했다고 말했다. 하지만 윤동진은 성매매가 해소 방법이었음을 밝혔다. 아마도 박주연이 여성이고 윤동진이 남성이라는 다름이 이렇게 표출되는 것이 아닌가 싶다.

## 섹스리스 부부여도 성적 배타성은 지켜야 할 의무?

"우리 부부는 아무 문제 없어. 이혼? 그럴 생각 없는데?"라고 말하는 인터뷰 참여자들 역시 박주연과 윤동진만큼이나 배우자와 성관계를 하지 않고 결혼관계를 유지하는 부부가 많았다. 그렇다면 배우자의 성적 배타성에 대한 생각도 박주연, 윤동진과 비슷한 것일까?

'섹스리스 부부지만 결혼관계를 유지하기 위해 각자 해야 할 역할을 잘 하면서 살고 있다면 배우자에 대한 성적 배타성의 의무는 지키지 않아도 무방할까? 즉 전업주부라면 자녀 양육과 가사노동을 충실히 수행하고, 남편이라면 생계 부양자로서 월급 꼬박꼬박 가져다주고 양육 문제와 관런해서 필요하다면 함께 상의도 하고……. 맞벌이의 경우엔 남편과 아내가 가사노동과 양육노동을 공평히 분담하면서 별 문제 없이 살고 있다면 말이다.'

그들의 답변은 '안 돼!'였다. 그들은 섹스리스 부부여도 결혼관계 유지를 위한 성적 배타성은 아주 중요하다고 생각했다. 하지만 '성적 배타성'의 기준을 어디에 두느냐에 따라 차이를 보였는데, 이것이 어쩌면 한국 사회에서 섹슈얼리티를 둘러싼 젠더 차이의 문제가 대두되는 지점이 아닐까? 인터뷰 참여자 열네 명 중에서 가장 오랜 기간 결혼생활을 유지하고 있으며 연령이 가장 높은 윤미자는 남편의 외도를 절대 용납할 수 없다고 말하면서도, '성매매'는 성적 배타성의 의무를 깬 것이 아니라고 여긴다.

"술을 먹고 안 들어오는 경우도 많았고……. 말은 하죠. 오늘도 뭐 여자들 많은 방석집에 갔다 왔다 그러는데, 다른 사람들은 다 여자들 옆에 있어도 자기는 안 했다……. 그리고 저는 계속 세뇌를 하죠. 자기 신분이나 이런 걸 아는 데 가면 무슨 후환이 생길지도 모르는데, 바람을 피우건 무엇을 하건 첫째는 병을 안 옮겨야 되고, 둘째는 내 선까지 전화가 오거나 내 선까지 알려지지 않고 본인이 해결할 수 있는 선에서 해결을 하면 허용을 하겠다. 그러나 자식들을 생각해서 안 했으면 좋겠다. (……) 그런 상황이 되었을 때 막 화 내고 그러지를 않아요. '재밌게 잘 지내세요. 뭐 예쁜 여자가 옆에 있으니까 좋으시겠네요' 그러죠."

윤미자가 성매매는 혼외 성관계가 아니라고 규정하는 이유는, 일종의 조직생활을 하는 남편에게 '성매매=놀이'라고 생각하기 때문이다. 그래서 허용할 수 있는 혼외 성관계의 범위를 마치 매뉴얼 설명하듯 남편에게 제안했다고 하는데, 어떤 방식으로든 남편의 혼외 성관계를 막고 싶은 그녀의 의지가 참으로 웃기고도 슬프다. 이것이 현실이 아닐까. 그녀의 마음속 깊은 곳에는 남편이 성매매 하지 않기를 바랄 것이다.

그런데도 그녀가 그런 기준을 가지게 된 것은 아마도 "한국 남성 한 명당 평균 31만 3000원을 성매매에 지출하고, 한국 남성 열 명 중 네 명이 성매매를 경험했다"[16]라는 현실을 부정할 수 없었기 때문이 아닐까? 최근 서울시민 1500명을 대상으로 실시한 조사에 따르면, 온라인을 통해 성매매 광고나 알선 정보 접촉 시도를 받는 경우가 "거의 매일"이라고 응답한 비율이 49퍼센트, "주 2~3회"가 33퍼센트였다.[17] 스마트폰을 비롯해 온라인 매체에 의한 성매매 노출은 더 심각해지고 있다. 한국은 엄연히 2004년에 성매매방지법이 제정된 성매매 불법 국가다. 그럼에도 한국 사회에서 성을 사는 남성의 비율은 절반에 가깝고, 매일 들고 다니는 스마트폰으로 성매매 광고를 매일 접하는 사람이 절반가량이나 된다. 그러니 과연 결혼생활 20년째인 전업주부가 성매매에 대해 어떤 태도와 입장을 가질 수 있을까? 윤미자가 남편의 성매매를 묵인하는 것은 정말로 좋아서가 아니라, 이런 시대이니만큼 성매매를 했다는 이유만으로는 이혼을 선택할 수 없기 때문일 것이다.

반면 상대적으로 다른 인터뷰 참여자들에 비해 40대에 만혼을 한 박수진과 앨버트의 아내 김소영은 남편의 혼외 성관계에 대해서 윤미자와는 다른 입장을 취한다.

"그거는 실제로 남편이 어떤 그런 일이 있었다, 내가 그 사실을 인지했다…… 상상을 할 수 없으니까 그거를 내가 어떻다고 말은 못하겠는데, 그거는 굉장히 무너지는 거잖아요. 사실은 그것이 어떤 하나의 사건이나 사고라고 보면 넘어갈 수 있는 부분인데, 개인 성격상 그 사건을 넘어간다는 것은 계속 신뢰의 문제로 떠나지 않을 거 같아요. 이게 계속 쌓여서 그 당장의 상황은 넘겼더라도 나중에는 시간이 덜 걸린다 더 걸린다 이 차이지, 결론은 같을지도 모르죠." -박수진

(남편이 성매매 혹은 혼외 성관계를 했다는 사실을 알았을 때 기분이 어떨 것 같으세요?)
"일단 기분 나쁠 것 같고, 신뢰가 깨진다는 것이 있을 거 같고……. 정말 좋아서 그러는 거라면, 어쩔 거냐 결정해라, 이럴 것 같은데? 나는……." -김소영

박수진과 김소영은 남편이 배우자 외의 상대와 사랑하는 감정을 가지고 지속적으로 성관계를 선택하는 것뿐 아니라, 성매매 역시 부부간의 신뢰를 깨는 행위로 생각하고 이혼을 선택하겠다는 입장이다. 박수진과 김소영이 이렇게 단호한 태도를 취할 수 있는 이유는 남편으로부터 경제적으로 독립할 수 있는 능력이 있다는 점이 가장 크게 작용했을 거라고 짐작된다. 또한 박수진과 김소영은 40대에 만혼을 선택한 사람들이다. 그녀

들에게 결혼이 곧 인생의 목표이며 절대적인 가치가 아니라는 점은 만혼을 선택한 것에서도 예측할 수 있다. 따라서 그녀들은 배우자의 혼외 성관계를 묵인하면서까지 결혼관계를 유지할 생각이 없다는 점을 분명히 밝힌다.

한편 여성 인터뷰 참여자 중 가장 젊은 채미정의 남편 최민식은 아내의 혼외 성관계에 대해서 상당히 독특한 견해를 가지고 있다.

> "할 수도 있지요, 뭐. 몇 번 몇 번 하면 그게 뭐 사람이 달라져요? 어, 아니, 몇 번 딴 남자랑 자면 사람이 갑자기 확 달라지나? 나는 그거 알면 기분이 굉장히, 하, 좀 좋지는 않을 것 같은데……. 음, 그걸로 인해서 결혼생활을 파탄 낸다, 이러지 않을 자신은 있어요. 그럴 것 같아요."

최민식의 생각이 한국 남성의 보편적인 생각은 아니다. 그리고 사실 이런 상황이 실제 벌어진 것이 아니라 그저 그런 상황을 가정했을 경우이기 때문에, 정말로 아내의 혼외 성관계를 알게 되었을 때 그가 허용적인 태도를 취할 수 있을지는 정확히 알 수 없다. 그렇지만 인터뷰에서 밝힌 이런 생각 자체는 독특한 견해로 이해될 수 있다. 한편 최민식의 아내 채미정은 최민식과 다르게 생각했다.

> "혼외 성관계가 있었다는 사실을 알게 된다면 못 살 것 같아요. 그냥 바로 이혼이지요. 미련도 없고, 그냥 적절한 위자료 받고 헤어지자고

애기할 것 같아요."

채미정 역시 경제적으로 독립할 능력이 충분히 있고 아직 젊기 때문
에 남편의 혼외 성관계에 대해 단호할 수 있지 않을까? 부부간의 성적 배
타성에 대해 보편적인 한국의 기혼 남성과는 조금 다른 독특한 견해를 가
진 최민식은 성매매에 대해서도 일종의 자기만의 신념이 있는 듯 보인다.

> "난 성매매는 절대 안 해요. 그 이유는 너무 관계가 공평하지 않은 것
> 같아요. 그러면 난 성적인 욕구와 느낌이 올 스톱돼요."
> (그러면 지금까지 혼외 성관계는 한 번도 안 하셨나요?)
> "그건 노코멘트하고 싶은데요."
> (그럼 그런 욕구는 없나요?)
> "누군들 없겠어요? 다 있죠?"
> (노코멘트라고 하면 제가 마음대로 상상해도 됩니까?)
> "뭐 알아서 상상하면 되겠죠."

최민식은 성매매를 반대한다. 왜냐하면 평등하지 않은 관계에서는 성
욕을 느끼지 못하기 때문이라고 말한다. 그러면서도 혼외 성관계에 대한
욕망이 있음을 인정하고, 본인의 경험에 대해서는 노코멘트라고 했다. 그
노코멘트는 왠지 긍정인 듯 보인다. 어쩌면 최민식은 일부일처제 결혼을
유지하고자 하는 마음은 있지만, 배우자 외에 다른 상대에게 성적 호감을
느낄 수 있고 그래서 혼외 성관계를 선택했다 하더라도 그것이 결혼관계

를 그만두는 요인이 될 수는 없다고 생각하는 것 같다. 최민식의 답변은 참 드물게도 '개방혼을 찬성하나' 하는 생각을 하게 만든다.

부부간에 지켜야 할 의무인 성적 배타성에 대해서, 내가 만난 인터뷰 참여자들은 그들의 성에 대한 가치, 생각, 욕망 그리고 그들이 가진 생계 부양 능력에 따라 엄격한 혹은 느슨한 기준을 가지고 있었다. 특히 전업주부이거나 생계 부양 능력이 없는 아내의 경우 남편의 혼외 성관계를 어쩔 수 없이 묵인한다. 아마도 이는 개인적인 가치관의 문제를 벗어나 사회 전체의 구조적인 문제와 연결되어 있을 것이다. 대한민국은 2014년 현재 최초의 아시아 여성 대통령이 나온 나라이면서도 성평등지수는 136개국 중에서 111위,[*] OECD 국가 중에서는 꼴찌인 나라다. 그런 나라에 살고 있으니 아마도 당분간 아내들은 여전히 남편으로부터 경제적으로 독립하기 어려워 보이고, 아무리 보기 싫어도 남편의 혼외 성관계나 성매매를 묵인한 채 결혼생활을 유지하게 되지 않을까?

## 남편의 성매매 정당화, 하지만 아내는 변하고 있다

'결혼생활 유지를 위해 남편이 생계 부양자, 아이들의 아빠 노릇을 소홀히 하지 않는 한, 혼외 성관계는 그저 질끈 눈감아주고 살겠다'고 생각하는

---

[*] 2013년 10월 세계경제포럼은 성별 격차 지수 보고서를 발표했다. 한국은 136개국 중에서 111위로, 2011년의 107위보다 네 단계가 하락했다.

아내들이 있었다. 인터뷰 당시 결혼생활 중이었던 여섯 명의 남성 참여자 중 네 명은 성매매를 경험했다고 답변했다. 그들은 자기는 원치 않지만 세상을 살려면 어쩔 수 없이 하는 '놀이'로 성매매를 정의하고, 결혼관계 유지 여부와 무관하다며 스스로의 행동을 정당화했다.

> "그런데 거기서, 그러니까 같이 먹다가 거기 간다고 그랬을 때 이렇게 박차고 나올 사람들이, 남자들이 몇 명 있겠느냐는 거죠. 말하자면, 쉽게 말해 패거리 문화인데, 그 패거리 문화라고 이제 내가 빠지면 뭐 나를 우습게 본다, 그게 아니라, 그런 심리가 아니라, 그냥 물 흘러가듯이 가는 거예요. 아, 가기 싫지만, 이런 식인 거죠. 어떻게 보면……."

남성 인터뷰 참여자 중 가장 젊고 결혼 기간도 3년으로 상대적으로 짧은 권경호는 그의 성매매 이유를 조직 내 패거리 문화에서 찾았으며, 원치 않아도 선택할 수밖에 없는 조직문화의 현실이라고 본다. 또한 일주일에 한 번은 아내와 꼭 성관계를 하고, 그것이 결혼관계 유지에 상당히 중요하다고 답변했던 정재훈 역시 비슷한 의견이다.

> "서로 동질감을 회복하는 어떤 또래의식이 있다는 생각이 들거든. 룸살롱 가면 괜히 막 오버하고, 그러면서 서로 남자들 같은 경우는 그게 약간 일탈이잖아, 그치? 도덕적인…… 그런 일탈인데, 그런 거를 같이함으로써 뭔가 이렇게 동료의식, 이런 것들을 서로 확인하는 과

정, 그런 거라고 생각이 들거든. 그래서 물론 룸살롱 아가씨가 맘에 들어가지고 연애를 할 수도 있지만, 그런 경우는 거의 없거든. 그리고 그 자리에서는 막 옆에 있는 아가씨랑 친밀하게 놀고 뽀뽀도 하고 주물질(?)도 하고 술도 러브 샷도 하고 그러잖아…… 서로서로 이렇게 하지만, 사실은 여기서 친밀성이 생기는 게 아니라, 이렇게 함으로써 같이 갔던 사람들끼리 친밀해지려고 하는 거지."

정재훈이 룸살롱 접대 여성과의 성적인 행위나 성매매 경험 등을 이야기할 때 그의 머릿속에 상대 여성에 대한 생각은 눈곱만큼도 없었다. 그는 접대 여성과의 애무나 키스 같은 다양한 스킨십의 이유는 그 여성이 좋아서가 아니라, 함께 간 이들과 일탈을 공유함으로써 유대감을 형성하기 위한 것이라고 말했다. 정재훈의 말에서 '아, 여자와 남자가 성적인 행위를 하는 데 의미 부여하는 방식이 정말 다르구나' 하는 생각을 하게 된다. 그리고 우리가 늘 말하던 '남성 중심적인 조직문화의 영향력'이 이렇게까지 깊이 뿌리박혀 있구나 하는 것을 실감했고, 성매매를 조장하는 집단 문화가 쉽게 바뀌기 어려운 이유를 다시 한 번 절감한다.

남성 중심적인 조직문화를 철저히 내면화한 정재훈은 성매매 외에 옛 애인과의 혼외 성관계 경험을 말하기도 했다. 그러면서 아내에겐 미안한 일이지만, 현재는 완전히 정리된 상태이기 때문에 별 문제가 안 된다고 답변했다. 정재훈은 대가를 지불하는 성매매와, 옛 애인과 나눈 몇 번의 성관계를 다른 범주의 행위로 정의한다. 전자는 미안한 일이 아닌 그저 조직 생활을 하기 위해서 어쩔 수 없이 선택한 일로, 후자는 자신의 의지에 따라서 선택했기 때문에 아내에게 미안한 일이지만 지금은 관계를 정리했고, 특히 아내에게 발각되지 않았다는 점을 강조했다. 즉 혼외 성관계 경험이지만 결혼관계 유지에는 심대한 영향을 주지 않기 때문에 별 문제가 아니라는 견해다. 그러나 이는 전적으로 정재훈의 생각이고 입장이다. 과연 정재훈의 아내가 남편의 다양한 혼외 성관계 경험을 알게 된다 할지라도, 이 부부가 아무 문제 없이 일주일에 한 번씩 꼬박꼬박 성관계를 하면서 서로의 친밀감을 확인하는 생활을 할 수 있을지는 알 수 없는 일이다.

6년 동안 아내를 벌주기 위해 아내와는 어떠한 성적 행위도 하지 않았던 윤동진에게도 혼외 성관계 경험에 대해 질문했다.

> "난 정서적인 친밀감은 서로 말이 통하는 여자 친구들하고 술도 마시고 만나기도 하면서 풀고, 성욕은 성매매로 풀어."

윤동진이 자신의 성적 욕구를 지속적으로 만나는 친밀한 대상과 나누지 않고 성매매를 선택한 이유는, 아직은 법적인 부부 관계를 유지하고 있기 때문에 그것이 배우자에 대한 최소한의 예의라고 여겼기 때문이라 한다. 그럼에도 욕구 해소를 위한 성매매 선택은 정당하다는 것이다. 분명 성매매는 불법이며 부부간의 성적 배타성을 지킬 의무의 파기라는 점은 마찬가지인데, 성매매를 선택한 그의 당당함은 어디서 오는 것일까?

내가 만난 남성 인터뷰 참여자 중 성매매 경험이 있다고 밝힌 네 명은 모두 자신들의 성매매를 불법으로 규정하지 않았다. 그들은 왜 성매매를 '놀이'로, 성욕 해소를 위해서 불가피하게 선택할 수 있는 행위로 받아들이는 걸까? 사회적인 문제에서 이유를 찾자면, 한국의 남성 중심적인 조직문화 또는 패거리 문화와 연결된다. 집단적으로 성을 사고파는 문화를 조장하고 묵인하는 성접대, 성상품화 문화가 성매매를 아무렇지 않게 선택하고 죄의식 하나 갖지 않도록 하는, 방어막 아닌 방어막의 역할을 하기 때문이다.

한국의 독특한 성문화와 연결고리를 찾는다면 아마도 남성과 여성에게 다르게 규정되는, 성을 둘러싼 이중적인 잣대, 기준의 차이를 꼽을 수 있겠다. 어떤 지위나 연령이라도 여성에게는 성적인 순결과 정조를 어떤 방식으로든 강요하는 문화가 21세기의 현실에도 존재하고, 남성에겐 지켜야 할 성을 둘러싼 마땅한 규범이 없는…… 그래서 성매매가 한 인간에 대한 폭력이며 불법임을 인식하지 못하는 것이 아닌가 하는 생각이다.

사회적·경제적인 이유와 상당히 맞물려 있는 성매매를 둘러싼 기혼 여성의 허용적인 태도도 남성이 성매매를 아무 거리낌 없이 선택하는 이유와 무관하지 않다. 여성 인터뷰 참여자의 성매매에 대한 태도에서 그녀들이 가진 경제적·사회적 능력이 성매매 허용이냐 아니냐의 주요 기준이 되는 것을 보면, 또다시 자세한 설명을 할 필요는 없을 것이다. 한국 사회에서는 결혼한 여성이 안정적인 일자리를 찾기 어렵기 때문에, 남편에게 경제적으로 의존적인 상황에서 남편이 성매매에 가담했다는 이유만으로 이혼을 선택하기는 쉽지 않다.

하지만 오늘을 살아가는 비혼* 여성들의 섹슈얼리티에 대한 생각과 태도의 변화는, 경제적인 의존도 때문에 모욕적이고 불평등한 결혼을 유지하는 여성들의 의식의 변화를 예고한다. 많은 비혼 여성은 결혼보다 일이 더 중요하며, 결혼을 '선택의 문제'로 생각한다.[18] 서울시가 25~49세의 비혼 여성 550명을 대상으로 한 조사에서, 현재 혼자 사는 이유에 대해 "결혼할 생각이 없어서"라고 응답한 사람이 14.1퍼센트, "일하면서 집안일까지 할 자신이 없어서"가 4퍼센트, "배우자나 아이에게 구속되기 싫어서"가 3.6퍼센트, "현재 결혼제도가 남성 중심적이기 때문에"가 2.2퍼센트였는데, 이 경우 모두가 자발적으로 비혼을 선택한 의견에 해당하며 그 비율은 약 24퍼센트다. 그녀들은 남성 중심적인 조직문화/결혼제도에 적극 반대하는 입장에서 비혼을 적극적으로 선택했다.[19] 더 이상 여성에게 결혼은 꼭 해야 하는 것이고 결혼을 해야만 행복한 삶을 살 수 있다고 생각하는 여성이 점차 줄고 있음을 입증하는 조사 결과다.

이러한 변화로 미루어 짐작해보건대, 앞으로는 결혼한 여성이라도 배우자의 성매매나 혼외 성관계를 묵인하면서까지 불편하고 불행한 결혼생활을 계속하려 하지는 않을 것이다. 아마도 그녀들은 '불평등한 결혼생활을 유지할 만큼 결혼이 내 인생에 가치가 있는가?'라는 질문을 하게 될 것이다. 또한 인간을 대상화하고 상품화하는 성매매는 분명한 폭력이며 불법이라는 의식이 점점 확산되면서, 어쩌면 사랑에 의해 혼외 성관계를 선

---

* '미혼'이 아닌 '비혼'이라는 용어에는 결혼에 대한 생각과 태도의 변화가 담겨 있다. '아직 ~하지 못했다'라는 뜻의 '미未'를 사용하는 미혼未婚은 언젠가는 결혼을 하게 된다는 가정하에 쓰이는 용어라는 점에서 결혼은 꼭 해야 하는 것이라는 규정을 담고 있다. 반면 '비혼非婚'은 '결혼하지 않음'의 의미로, 가치 개입이 되지 않은 용어다. 그러므로 결혼 경험이 한 번도 없는 사람뿐만 아니라, 결혼한 적이 있어도 현재 혼자 살고 있는 사람(이혼, 사별)까지 포괄하는 용어로 '비혼'을 사용하는 것이 마땅하다는 것이 페미니스트들의 견해다.

택한 남편보다 자기 의지와 무관하게 남이 하니까 따라했다거나 아무 감정 없이 선택한 성매매는 정당하다고 주장하는 남편에게 더 크게 실망할 것이다. 그리하여 인간답지 못한 남편의 행동에 진저리치며 떠날 아내들이 많아질 것이라 단언하고 싶다. 이러한 변화가 여성이 섹슈얼리티 정치학에서 자신의 목소리를 찾는 첫 번째 단추가 될 것이다.

# 섹스리스에서 부부강간까지
## 위험한 성정치학

우리는 보통 사랑해서 결혼하고 오랜 결혼생활에도 즐거운 성관계를 하며 서로 소통하고 안락한 삶을 영위한다면 이를 행복한 결혼이라고 생각한다. 최근 〈마녀사냥〉이라는 한 TV 프로그램이 화제였는데, 남녀의 성적인 경험에 대해 솔직하고 적나라하게 토론하고 소통하는 이 방송을 보면 2014년 한국 사회의 섹슈얼리티는 남녀에게 평등하다고 착각하게 된다. 비혼의 20~30대 여성이 남자친구와의 성경험을 자유롭게 이야기하는가 하면, 성관계 기술이나 시간 등에 대한 표현도 서슴지 않는다. 이런 걸 보면 '와우, 여성에게만 강요되던 순결 이데올로기는 이제 완전히 없어진 건가?' 하는 생각이 든다.

물론 과거와 비교해보면 개인적인 성경험에 대해 다른 사람에게 말하는 것, 결혼 전 성관계 경험의 허용 기준이 남녀에게 다르게 적용되던 이중 잣대가 조금씩 변화되고 있음을 느낀다. 이는 아마도 젊은 세대의 결혼에 대한 생각이 많이 달라졌기 때문일 것이다. 21세기를 사는 젊은 여성은 결혼이 더 이상 자신의 삶을 오롯이 책임져줄 '철밥통'일 수 없음을 알고 있으며, 이혼율이 증가하면서 결혼관계가 영원히 지속 가능한 관계일 수 없음도 잘 알고 있다. 따라서 요즘 젊은 여성은 자신의 일을 가장 우선순위로 생각하고, 결혼은 가능하면 선택하지만 여의치 않으면 선택하지 않을 수도 있다고 생각한다. 따라서 결혼과 무관하게 좋아하는 사람과 성관계를 맺는 것에 대해서도 과거에 비해 훨씬 자유롭게 생각하고 실천한다. 아마도 이는 신자유주의의 흐름 속 인간의 개인화와도 밀접하게 연관되어 있으리라.

그러나 결혼제도 안으로 들어서면 그녀들의 자유로운 사고와 실천은 변하고 만다. 자녀 교육 때문에 기러기 가족으로 명명된 의도한 섹스리스 부부도 있고, 결혼 후 아이가 생기면서 가사노동과 양육노동, 거기에 임금노동까지 겹치다 보니 육체적·정신적으로 힘들고 여유가 없어 의도하지 않게 결과적으로 섹스리스 부부가 되는 사람도 있다. 섹스리스 부부는 배우자의 혼외 성관계를 목도하기도 하지만 이혼을 쉽게 선택하지 않는다. 그렇다면 여기서 우리는 궁금해지지 않을 수 없다. 사랑하는 감정에서 출발해 서로 헤어지기 싫고 성관계도 남 눈치 보지 않으며 자유롭게 하고 싶어 선택한 결혼이지만 시간이 흐를수록 성적으로 소통하는 일은 점점 줄어드는데도 '결혼생활은 유지한다'고 할 때, 과연 이들의 관계를 유지하는 동력은 무엇일까?

우리와 다른 문화를 가진 외국에서는 성적 배타성을 결혼제도의 주요 계약 사항에서 배제한다면 이혼 때문에 파생하는 여러 문제, 이혼과 재혼 등으로 인한 경제적 비용 문제, 자녀 양육을 둘러싼 문제 등을 해결할 수 있다면서, 결혼제도 내에 멀티러브의 가능성을 시사하고 주장하는 학자도 있다.[20] 한국의 기러기 가족은 결혼관계를 유지하는 가장 큰 동력 중 하나인 자녀 양육 공동체로서의 역할을 제대로 한다는 명목하에 부부간의 정서적·성적 친밀성을 무시하는 가족 형태다. 기러기 가족이 되기를 선택하면 배우자의 성적 배타성에 대해서는 암묵적으로 포기하게 되는 것이다. 그런데 정말 부부 관계에서 성적 배타성 의무를 지키지 않는다 하더라도 결혼생활을 원만히 유지하는 데 아무 문제될 것이 없을까?

## 성적인 소통 없이도 과연 행복할까?

섹스리스와 원만한 결혼생활 유지 사이의 관계를 살펴보기 위해서 인터뷰 참여자들에게 섹스리스 부부가 결혼관계를 유지하는 것에 대해 어떻게 생각하는지 물어보았다.

> "합의가 되니까 가능하겠죠. 섹스리스 부부도 서로가 섹스 없이 사는 거에 문제가 없고 만족스럽다면 괜찮다고 생각해요. 근데 그 사람들 결혼생활이 지속될 수 있을까? 난 그게 안 될 거 같아요. 성행위를 남편 말고 다른 사람하고 하는 것을……. 그렇게 하면 부부 관계가, 부부라는 제도적 결혼 자체가 지속되기 힘들 것 같고." -박수진

> "상관없다고는 생각하지 않아요. 성적인 부분이 부부간에 중요하다고 생각은 하는데, 저는 지금까지 중요하게 여기지 않았어요. 그 이

유가 뭔지 저 스스로는 깊이 생각해본 적이 없어서……." -김소영

40대에 만혼을 선택한 박수진과 현재 섹스리스 부부로 결혼생활을 하고 있는 김소영은 결혼관계를 유지하면서 섹스리스로 지내는 데는 분명 문제가 있다고 지적한다. 박수진은 부부가 섹스리스라는 것은 곧 배우자의 혼외 성관계를 묵인하는 것이라고 규정하면서, 그녀가 남편이 성매매를 한다면 이혼할 것이라고 답변한 것과 마찬가지로 배우자의 혼외 성관계를 묵인하면서 결혼관계를 유지할 수는 없음을 정확히 밝힌다.

한편 김소영은 현재 섹스리스 부부지만 배우자의 혼외 성관계를 허용하면서까지 결혼생활을 유지할 생각은 없다고 단언한다. 즉 아무리 섹스리스 부부라 하더라도 배우자에 대한 성적 배타성의 의무는 지켜야 한다는 것이다. 그렇다면 김소영의 남편 앨버트는 어떻게 생각할지 궁금했다.

"음, 뭐, 어떤 소통하는 방식이 잘 되어 있으면, 그건 될 거 같고……. 음, 우리나라에도 많대요. 근데 그게 나이 많은 사람이 아니라 20~30대에서 섹스리스가 늘어나고 있어요. 애도 없이 왜 그렇게 할 수 있는지 몰라도……."

외국인인 앨버트는 현재 자기 나라에서 아이 없는 젊은 부부의 섹스리스가 늘어나고 있다고 말했다. 하지만 섹스 외에 부부가 친밀성을 유지하기 위해서 다른 방식의 소통을 잘 한다고 전제한다면 섹스리스 결혼생활도 가능하다는 생각이다. 한편 앨버트는 자신들은 아이가 생긴 이후 양

육과 가사노동 그리고 과중한 조직생활 등으로 시간 여유가 없어 결과적으로 섹스리스가 된 것이라고 밝히면서, 앨버트의 나라에서 다른 방식의 친밀성을 유지하는 섹스리스 커플과는 차이가 있음을 분명히 한다.

아내의 혼외 성관계에 대해 상당히 허용적인 태도를 취했던 채미정의 남편 최민식은 섹스리스 부부에 대해 다음과 같이 말한다.

> "여자들, 제 주변에 섹스리스 부부는 40대가 주론데, 아이도 뭐 둘 정도 있고, 아이도 좀 컸고……. 제 주위의 섹스리스 부부의 공통점은 '남편이 경제적 기반이 괜찮다'라는 것에서 오는 만족감이 상당히 있는 것 같고요. 그래서 그걸 포기하려 하질 않고, 당연히 포기할 이유도 없고. 글쎄 남자들한테는 물어봤는데, 남자들은 얘기를 안 해요. (……) 여자 한 명, 친한 친군데 개는 이제 얘기를 하죠. 섹스리슨데 왜 섹스리스가 됐는지……. 유산을 했다거나, 뭐 남편이 너무 과도하게 성관계를 요구하거나, 그러니까 뭐 예를 들면 남자들 술 먹고 와서 뭐 씻지도 않고 술 냄새 풀풀 풍기면서 덤비고 이런 빈도수가 높으니까. 섹스라는 것 자체에 대해서 이제 좀 회의감과 불쾌감, 이런 게 강해지는 것 같아요."

본인의 경험은 아니지만 최민식의 주변 친구들이 섹스리스가 된 주된 이유는 배우자의 동의 없는 강압적인 성관계, 부부강간이 섹스리스로 연결되기도 한다는 사실을 말해준다. 한국의 공식적인 성규범, 즉 '부부간의 성관계만을 합법'으로 인정하는 문화는 곧 강압적인 남편의 성적 요구는 배우자의 권리로, 나는 원치 않지만 남편이 원한다면 수용해야 할 아내의 의무로 이해되기도 한다. 상습적인 아내 폭력을 일삼는 남편은 아내 폭력 후 강간을 하는 경우가 있으며, 피해자인 아내는 이로 인해 씻을 수 없는 상처를 입기도 한다. 그 구체적인 예가 김정미(가명)의 사례다.[21] 그녀는 가정폭력과 아내강간으로 12년 동안 시달린 끝에 남편을 정당방위로 살해했다. 이를 통해서 합법적이고 안전한 관계로만 알았던 부부간의 성관계가 폭력과 강제성을 동반할 때 얼마나 위험해지는지를 알 수 있다. 그녀가 당한 가정폭력과 성적 학대 경험에 대한 이해를 돕기 위해서 다음과 같이 사건 개요를 간단히 정리해보았다.

### 김정미가 12년 동안 당한 가정폭력과 성적 학대 경험[22]

- 그녀는 1987년 10월에 결혼했다.
- 결혼 기간 12년 동안 신체적·언어적·경제적 폭력과 아내강간에 시달렸다. 그녀가 당했던 신체적 폭력은 상습적 폭행과 칼로 신체 위협 및 긋기 등이었고, 언어적 폭력은 상습적인 욕설, 즉 "너 잘났다, 죽여버린다, 찢어 죽인다, 갈아 마셔버린다" 등의 위협적인 협박이었다. 더불어 결혼 기간 12년 동안 생계유지는 그녀 혼자의 몫이었고, 남편은 그녀가 번 돈을 강탈해서 상습적인 도박을 일삼았다. 그리고 그녀가 정말 참을 수 없는 아내강간은 구타 후 일상적인 성폭력과 성적 학대 행위(항문에 기구 삽입, 강제적인 오럴섹스, 흉기로 성기 위협) 등이었다.
- 1999년 11월 말, 도저히 견딜 수 없었던 그녀는 남편과 별거를 시작했고 이혼소송을 제기했다.
- 2000년 4월 23일, 사건 당일 별거 중인 아내의 집에 흉기를 지닌 남편이 강제로 침입하여 그녀의 신체에 상해를 입히고 강제 성행위 및 강간을 시도했다. 이를 거부하다가 그녀는 정당방위로 남편을 살해했다.
- 남편이 죽은 것을 확인하고 그녀는 바로 경찰에 신고해서, 본인이 남편을 죽였음을 시인하고 자수했다.

1997년에 가정폭력특별법이 생긴 이래로 우리 사회는 아내에 대한 폭력이 사회적 범죄이며 국가가 개입해서 예방, 해결해야 할 사안이라는 점을 분명히 했다. 그럼에도 신문이나 방송 매체를 통해 김정미와 같은 유사한 사례가 계속 발생하고 있음을 알 수 있다. 가정폭력과 아내강간 피해자 지원 운동을 하고 있는 한국여성의전화는 2012년 1월부터 12월까지 언론매체를 분석한 결과, 가장 친밀한 관계에 있는 남편이나 애인에 의해 살해되는 사건이 사흘에 한 명 꼴로 발생한다는 사실을 보고했다.

2013년 6월 19일 성폭력특별법이 개정돼 기존의 친고죄와 반의사불벌죄가 폐지됐다. 과거에 성폭력 범죄는 피해자만이 신고할 수 있다는 점에서 친고죄였고, 피해자가 가해자를 처벌하기를 원할 때만 처벌할 수 있는 반의사불벌죄였다. 그래서 쌍방이 합의하면 처벌하지 않아도 되는 범죄로 인식되었다. 하지만 법 개정으로 친고죄와 반의사불벌죄가 폐지되었고, 이는 지속적인 친족 성폭력 가해자와 폭력을 수반한 아내강간 가해자를 처벌할 수 있는 가능성이 높아졌다는 사실을 의미한다. 하지만 현실에서 남편에 의한 아내의 신체적·언어적·정서적·경제적 폭력은 지금 이 순간에도 일어나고 있으며, 아내에 대한 성적 학대 비율은 2010년을 기준으로 10.4퍼센트[23]에 이른다. 이러한 현실을 찬찬히 돌아볼 때 과연 결혼한 부부, 친밀한 관계에서의 성관계가 상대방의 동의 없이 일어날 때 얼마나 폭력적일 수 있는지 확인하게 된다.

이런 맥락에서 '부부간의 성관계가 공식적으로 합법적이라 할지라도, 더 위험하고 더 고통스러울 수도 있지 않은가?' 하는 질문을 던질 수 있다. 낯선 누군가로부터 성폭력을 당하는 것도 매우 고통스럽고 힘든 경험이지만, 사랑해서 결혼했고 아이까지 낳아 매일 밥상머리에서 마주하는 남편으로부터 다양한 폭력을 당하고 심지어 성적 학대를 지속적이고 반복적으로 당한다면, 그것이 세상에서 가장 위험한 폭력이지 않을까? 이제 우리는 부부간의 성관계가 친밀하지 못한 관계일 수 있으며, 심지어 위험하기까지 할 수도 있음을 알게 되었다. 부부싸움은 더 이상 칼로 물 베기가 아니다. 불평등한 관계에서 폭력을 수반한 부부싸움은 위험한 범죄를 유발할 수 있다는 점에서, 가정이 무조건 안전하게 보호받을 수 있는 공간인지는 숙고해봐야 한다.

## 한국의 부부, 그들만의 더 위험한 정치학을 넘어

2008년 호주제가 폐지되면서 한국의 부부는 법적·제도적으로 평등한 부부로 살 수 있다는 희망을 갖게 되었다. 30년 전과 비교해보면 여성에게 기회의 평등, 특히 교육 기회의 평등이 주어진 것은 부인할 수 없다. 남녀 공학 대학의 여학생 비율이 점점 높아지다가 2014년 현재는 여성이 절반을 차지하고 있다. 하지만 이 글을 쓰기 위해 내가 만난 인터뷰 참여자들의 이야기와 최근 언론을 통해 들은 여성의 다양한 경험을 살펴보면서, 과연 결혼관계에서 여성과 남성은 평등하게 그리고 안전하고 즐겁게 살고 있는 것인지 묻게 된다.

세상이 변하면서, 특히 여성이 사회적·경제적으로 능력을 갖게 되면서 어느 정도는 평등한 관계에서 결혼생활이 유지될 것이라고 예상했다. 그러나 변화는 일고 있지만 남편과 아내 사이의 보이지 않는 권력 차이는 여전하고, 아무리 평등한 부부라 할지라도 특히 부부간의 성관계에서 여성은 자신들의 권리를 제대로 표출하지 못하는 약자의 자리에 머물러 있

다. 아내는 남편보다 성적으로 훨씬 덜 자유롭고 힘들며, 그로 인해 만족
감이나 친밀감을 느끼는 경우도 훨씬 적다. 어떤 여성은 남편의 폭력을 감
내하면서까지 위험한 부부 생활을 하고 있다. 김정미의 사례처럼 가정폭
력을 수반한 부부 관계는 물론이고, 남편의 성매매를 암묵적으로 허용하
면서 결혼관계를 유지하는 부부 역시 위험하긴 마찬가지다. 49세의 윤미
자는 오랜 결혼 기간 동안 남편의 성매매를 어쩔 수 없이 용인해왔지만,
그녀의 가슴 저 밑바닥에는 아무하고나 어디서든 질질 흘리는 남편의 성
욕에 대한 분노가 도사리고 있다.

공식적으로 남편과의 성관계만 허용된 여성에게 섹스리스 경험은 어
떨까? 김소영의 남편 앨버트는 자녀 양육과 가사노동에 적극적으로 참여
하며 모든 집안일을 함께 하고 평등하게 나누는 평등 부부다. 그러나 그
들은 아이가 태어난 이후 5년 동안 가벼운 스킨십조차 하지 않는 섹스리
스 부부다. 그들 역시 안정적이지 않고 불안하다. 김소영은 인터뷰에서 남
편의 혼외 성관계를 전혀 의심하지 않는다고 했지만, 장담할 수 없다. 김
소영은 다만 그렇게 믿고 싶을 뿐이고, 그러한 그들의 부부 관계를 문제로
인식하고는 있지만 스스로 주체가 되어 해결하려는 용기는 없다. 그녀가
아무리 적극적으로 사회활동을 하는 독립적인 여성이라지만 '여성은 성적
인 관계에서 주도적이면 안 돼'라는 고정관념에 지배되고 있기 때문이 아
닐까?

반면 다수의 남편들은 옳든 그르든 자신들의 논리와 생각대로 결혼관
계 밖과 안을 넘나들며 자유로운 성생활을 하고 있다. 이러한 결혼관계에
서 성관계의 불평등은 폭력적이며, 결혼 밖의 다양한 피해자를 만들 수도

있는 위험성을 가진다. 아내를 벌주기 위해 6년 동안 아내와 성관계를 하지 않고 결혼관계를 유지했던 윤동진, 그가 그런 선택을 할 수 있었던 것은 남성이기 때문이다. 반대로 여성이 남편에게 벌을 주기 위해 성관계를 거부할 수 있을까? 진수연의 사례에서 보듯 그것은 어려운 일이다. 남편의 성관계 요구에 응하는 횟수는 줄일 수 있지만, 윤동진처럼 완전 섹스리스 상태로 당당히 결혼관계를 유지할 수는 없다. 여기서 우리는 남편/아내의 성관계를 둘러싼 권력이 무엇인지 알게 된다.

한편 아내와는 섹스리스이면서 성매매를 선택하는 윤동진, 그리고 친구 따라 강남 가듯 직장 동료 따라 성매매를 경험했다고 밝힌 권경호·서민수·정재훈은 자신들의 성매매 경험을 부끄럼 없이 자연스럽게 이야기했다. 정재훈은 첫사랑과의 혼외 성관계 경험도 말해주었다. 최민식은 성매매는 아니지만 결혼 후 혼외 성관계 경험이 있었다는 것에 암묵적으로 동의한다. 결국 내가 만난 여섯 명의 기혼 남성 중 앨버트를 제외한 다섯 명이 결혼관계를 유지하면서 혼외 성관계를 경험했다. 하지만 일곱 명의 여성 인터뷰 참여자 가운데 결혼관계를 유지하면서 혼외 성관계를 경험한 사람은 이혼을 결심했던 박주연 한 명뿐이었다.

사실 난 이 글을 쓰면서 남성과 여성의 사회적 성별 차이, 즉 젠더를 기준으로 그들의 경험이 굉장히 다를 것이라는 선입견을 갖지 않으려고 애를 썼다. 그래서 인터뷰 참여자들이 부부간의 사랑을 정의할 때 남녀의 성별 차이보다는 각자가 처한 입장, 생각, 경험에 따라 다양한 사랑의 개념을 가지고 있음을 알게 되었다. 하지만 그들이 다양하게 정의한 사랑을 표현하는 방법으로 성적 친밀성을 말할 때, 그리고 그들이 지켜야 할 규범으로서 성적 배타성에 대한 견해와 경험을 이야기할 때 젠더 차이는 더 크고 더 넓게 드러났다. 사적인 결혼관계에서 섹슈얼리티의 권력관계가 얼마나 위험한지, 그래서 부부 관계가 얼마나 안전할 수 없는지를 확인했다. 또한 그러한 사적인 관계로 규정된 결혼관계 내의 위험성이 어떻게 사회 전체의 폭력적이고 안전하지 못한 성문화 형성에 영향을 미치는지도 발견했다.

대한민국은 '배우자에 대한 성적 배타성을 지켜야 하며, 부부간의 성관계만이 합법적이다'라는 공식 규범을 가진 사회다. 하지만 그러한 규범이 지켜지지 않는다는 것은 주지의 사실이며, 이는 부부 관계에서 약자인 아내가 만족스럽지도 행복하지도 않지만 그래도 결혼관계를 유지한다는 사실, 어떤 경우에는 위험한 남편의 성폭력에 노출되어 있다는 사실로 이어진다. 또한 이는 결혼관계에서 아내에 대한 성폭력을 내면화한 남편이 사회에서는 성매매라는 폭력을 거리낌 없이 선택하도록 묵인하는 현실로 연결되며, 나아가 이들을 성희롱 혹은 성폭력 가해자가 되게 하는 데 일조하는 문화와도 깊은 연관성이 있다는 점에서 더욱 위험하고 치명적이다.

# Part 2

# 직장 내에서의 젠더·섹슈얼리티 정치학
## 조직문화 속의 위험한 성정치

*이 글은 저자가 지금까지 한국 조직의 문화, 젠더, 섹슈얼리티에 대한 고민을 학문적으로 분석했던 세 개의 논문 "Sexual Harassment in Korean Organizations", Ph D., in thesis of University of York, 2003; 〈성희롱-이성애제도-조직문화 그 연관성에 관한 고찰〉, 《한국여성학》 19권 2호, 2003; "The Office Party: Corporate Sexual Culture and Sexual Harassment in the South Korean Workplace", eds. Jackson, S. East Asian Sexualities, Zed Books, 2008을 재구성하여 다시 쓴 글임을 밝혀둔다.

2013년 5월 대한민국 대통령, 그것도 아시아 최초의 여성 대통령이 미국 최초의 흑인 대통령을 만나기 위해 미국을 국빈 방문한 일은 세계사적으로 기록될 만한 만남이었다고 기억된다. 하지만 안타깝게도 세계의 관심은 아시아 최초의 여성 대통령과 미국 최초의 흑인 대통령이 만나서 무슨 이야기를 나누었는가보다는, 아시아 최초의 여성 대통령을 수행했던 고위 공직자가 미국대사관의 인턴 여직원을 성희롱했다는 사건에 더 쏠렸다.

이 사건을 접한 사람들의 첫 반응은, 2월에 막 취임한 여성 대통령을 수행하는 고위 공직자가 어떻게 할 일 없이 늦은 시간까지 호텔 바에서 술을 마시며 한가하게 놀 수 있는가 하는 것이었다. 게다가 어떻게 공개적인 호텔 바에서 인턴 여직원을 성희롱할 수 있는가? 또 어떻게 새벽 시간에 그 인턴 여직원을 자신의 호텔 방까지 불러 심부름을 시킬 생각을 할 수 있는가? 상식적으로 이해할 수 없는 일들이 줄지어 드러나자, 사람들은 절레절레 고개를 내저었다.

이 사건은 권력을 가진 고위 공직자 남성이 권력 없는 비정규직 여성을 성희롱한 전형적인 사례이기도 하지만, 한국의 위계적인 조직문화의 특성을 단적으로 보여준 사례이기도 하다. 한국의 조직사회에서 고위 공직자는 실무를 수행할 능력도, 의사도 없다. 따라서 대통령을 수행한 고위 공직자인 청와대 전 대변인은 저녁 시간에 별로 할 일이 없었을 것이다. 그래서 호텔 바에서 늦은 시간까지 술이나 마시며 국민 혈세를 낭비할 시간 여유가 있었을 것이다.

한편 성희롱 피해자가 대사관의 정직원이었다면 과연 그런 일이 가능했을까? 한국의 조직에서도 비정규직 여성 노동자가 주로 성희롱 피해자가 되는 것처럼, 유사한 맥락에서 대사관의 비정규직 여직원이었기에 피해자가 되었을 가능성이 높다. 또한 청와대 전 대변인의 행위에서 한국의 조직문화가 가진 위계구조를 알 수 있는데, 어떻게 새벽 2시가 넘은 시간에 인턴 여직원을 자기 호텔 방으로 불러 심부름을 시키겠다는 발상을 할 수 있는가? 이는 바로 한국의 조직에서 권력을 가진 남성이 자행하는 사생활 침해이자 폭력의 한 양태가 아닌가. 한국에서 조직생활을 온전히 하기 위해서는 상사가 어떤 시간에 어떤 요구를 해도 받아들여야 한다. 본인이 원치 않아도 받아들일 수밖에 없는 문화, 그것이 한국의 위계적인 조직문화의 특성이다. 이러한 조직의 횡포와 폭력적인 요구는 하위직 여성뿐 아니라 하위직 남성 역시 피해갈 수 없는 경우가 많다.

따라서 이 글에서는 한국 사회의 다양한 조직에서 직장생활을 한 경험이 있는 여성 28명*의 인터뷰 내용에 기초해서 한국의 독특한 조직문화는 무엇인지, 그것이 유발하는 성차별적인 조직의 행태, 더 나아가 인간의 성을 상품화하고 비인간화하는 조직 내 놀이문화의 특성은 어떤 것인지 찬찬히 들여다볼 것이다.

---

* 이 글의 기초가 되는 인터뷰 참여자들은 내가 2003년 박사학위 논문을 완성하기 위해서 지인 혹은 지인을 통해 소개(눈덩이 표집snow bowling)로 만난 연구 참여자들임을 밝혀둔다.

## 〈표 2〉 면접 참여자 개요

| 번호 | 성명(가명) | 연령(세) | 근무 경력(년) | 근무지 | 학력 | 결혼 유무 |
|---|---|---|---|---|---|---|
| 1 | 김은영 | 27 | 5 | 대한민국 국회 | 대졸 | 미혼 |
| 2 | 이윤희 | 24 | 3 | 대한민국 국회 | 고졸 | 미혼 |
| 3 | 박진주 | 27 | 5 | 대한민국 국회 | 대졸 | 기혼 |
| 4 | 최정희 | 24 | 5 | 감정평가사무실 | 고졸 | 미혼 |
| 5 | 윤혜자 | 38 | 5 | D서비스 | 대졸 | 미혼 |
| 6 | 신선영 | 27 | 4 | D서비스 | 대졸 | 기혼 |
| 7 | 홍영주 | 30 | 3 | K생명 | 고졸 | 기혼 |
| 8 | 민영희 | 31 | 3 | K생명 | 대졸 | 기혼 |
| 9 | 유현재 | 24 | 6 | H그룹 | 고졸 | 미혼 |
| 10 | 장부영 | 30 | 11 | H그룹 | 고졸 | 미혼 |
| 11 | 조경미 | 29 | 6 | HS그룹 | 대졸 | 기혼 |
| 12 | 손지혜 | 27 | 4 | HS그룹 | 대졸 | 미혼 |
| 13 | 정순주 | 26 | 4 | HS그룹 | 대졸 | 미혼 |
| 14 | 곽정미 | 24 | 5 | L그룹 | 고졸 | 미혼 |
| 15 | 김민희 | 24 | 5 | L그룹 | 고졸 | 미혼 |
| 16 | 이연주 | 30 | 5 | L그룹 | 대졸 | 기혼 |
| 17 | 정주미 | 26 | 3 | L그룹 | 대졸 | 미혼 |
| 18 | 지민애 | 27 | 3 | C금융 | 대졸 | 기혼 |
| 19 | 송은순 | 32 | 12 | G증권 | 고졸 | 기혼 |
| 20 | 최경애 | 31 | 8 | S그룹 | 대졸 | 미혼 |
| 21 | 박현정 | 27 | 4 | S그룹/L그룹 | 대졸 | 기혼 |
| 22 | 주하진 | 27 | 4 | K그룹 | 대졸 | 미혼 |
| 23 | 윤수희 | 26 | 3 | K그룹 | 대졸 | 미혼 |
| 24 | 홍미자 | 30 | 11 | K그룹 | 고졸 | 기혼 |
| 25 | 장선우 | 29 | 10 | H보험 | 고졸 | 미혼 |
| 26 | 이미순 | 32 | 12 | H보험 | 고졸 | 기혼 |
| 27 | 박유진 | 26 | 7 | H보험 | 고졸 | 미혼 |
| 28 | 채수원 | 27 | 4 | T외국기업 | 대졸 | 미혼 |

# 직장의 조직문화는 무엇으로 구성되는가?
## 터프가이 마초문화에서 공정문화까지

내가 만난 28명의 인터뷰 참여자는 다양한 업종과 규모의 조직에서 일했던 여성 직장인이었다. 공조직, 이름만 대면 알 만한 대기업, 아주 작은 규모의 중소기업과 외국계 기업에 이르기까지 그야말로 다양한 조직과 규모에서 일한 이들이었다. 우선 한국의 조직문화가 갖는 일반적인 특성을 알아보기 전에 28명의 인터뷰 참여자가 몸담고 있었던 개별 직장이 갖는 독특한 문화에 대해서 먼저 이야기하려고 한다. 그 이유는 조직문화의 보편적 특성은 개별 직장의 문화적 특성과 깊은 연관이 있기 때문이다.

이와 관련해서 조직을 연구했던 경영학 이론가들은 개별 조직의 특성이 무엇에 의해 좌우되는지 그 원인에 대해서 다양한 논의를 전개한다. 굳이 이론가들의 장황한 설명을 나열하지 않더라도 우리는 각 조직의 최고 관리자 혹은 오너가 보이는 특성이 개별 조직의 특성에 큰 영향을 미칠 것이라는 정도는 짐작할 수 있다. 여러 가지 논의 중에서 이 글의 인터뷰 참여자들의 이야기를 분석하는 데 도움이 될 만한 논의를 간단히 소개해보려 한다. 경영 컨설턴트이자 조직 이론가인 테런스 딜과 앨런 케네디[24]는 기업문화의 특성을 네 가지 유형으로 제안한다. 그들이 기업문화를 구분하는 기준은 피드백의 속도, 보상 정도 그리고 위험도 등이다. 그들의 의견을 도표화하면 다음과 같다.

《표 3》 업종별 기업문화의 특성

| 구분 | 피드백 속도 | 보상 정도 | 위험도 | 업종 예시 |
|---|---|---|---|---|
| 터프가이 마초문화<br>tough-guy, macho culture | 높음 | 높음 | 높음 | 경찰, 외과 의사, 스포츠 선수 |
| 세게 일하고 세게 놀자 문화<br>the work-hard play-hard culture | 높음 | 높음 | 낮음 | 레스토랑, 소프트웨어 회사 |
| 내기문화<br>the bet your company culture | 낮음 | 낮음 | 높음 | 항공기 제조 회사, 정유 회사 |
| 공정문화<br>the process culture | 낮음 | 낮음 | 낮음 | 은행, 보험 회사 |

딜과 케네디가 구분한 업종별 기업문화의 특성이 28명의 인터뷰 참여자들이 말하는 한국의 개별 직장문화의 특성과 정확히 맞아떨어지지는 않는다. 하지만 첫 번째와 두 번째 유형의 기업문화가 갖는 특성은 한국 사회의 남성 중심적인 조직문화의 특성과 많이 비슷하다. 그렇다면 28명의 인터뷰 참여자가 말하는 그들이 일했던 조직의 독특한 특성은 무엇인지, 대기업과 공조직 그리고 외국계 회사가 갖는 고유한 특성을 하나씩 만나보자.

## 대기업 S : 차별 없는 합리성, 보이지 않는 유리천장

한국의 대표적 대기업인 S. '합리성에 기초한 인재를 존중하는 기업', '사람은 기업이다'[25]라는 모토가 그들의 기업문화의 특성에도 잘 반영되어 있다. S그룹의 계열 회사인 S보험회사에서 8년 동안 근무한 최경애(31세)는 이렇게 말한다.

> "우리 회사는 여성 인력을 잘 활용하고 동등하게 대우해주는 편이라고 생각해요. 다른 회사랑 비교해보면……. 그래서 여직원들이 대체적으로 그들의 업무에 만족하는 편이죠. 특히 우리 회사 오너가 좀 다른 생각을 가지고 있다는 게 특징이라고 할 수 있어요. 예를 들어 직원을 뽑을 때 여성과 남성을 동등한 비율로 채용하려는 노력이 있고, 여직원들한테 동등한 기회를 주려고 하죠."

최경애의 말에서 기업 오너의 생각이 기업의 문화를 만드는 데 중요하게 작용한다는 점을 알 수 있다. 이러한 문화와 관련해서 스탠리 M. 데이비스Stanley M. Davis는 조직문화의 원천으로서 리더십의 중요성을 강조했다.

"영향력 있는 리더는 자기의 신념을 조직의 신념으로 만드는 힘이 있는 반면, 그렇지 않은 리더의 경우 조직에서 별 영향력을 행사할 수 없다. 리더의 조직에 대한 강한 신념은 조직의 고유하고 독특한 강한 문화를 만들 수 있다."[26]

우리 모두 알고 있다시피 한국의 대기업(재벌기업)은 오너가 직접 경영에 참여하기 때문에 영향력이 상당하며, 사후에도 기업문화에 큰 영향을 미친다. 이런 맥락에서 데이비스의 견해는 한국 기업문화의 독특함을 이해하는 데 유용하다.

대기업 S에서 별 탈 없이 8년 동안 근속한 최경애는 그들이 가진 기업문화가 여직원에게 유리하다고 이야기한다. 한편 대기업 S를 다니다 남편과 같은 직장에 다닌다는 이유로 명예퇴직을 한 후 인터뷰 당시에는 L기업에서 계약직으로 일하고 있던 박현정(27세)은 이렇게 말한다.

> "시스템 측면에서는 성차별이 없어요. 여직원을 최대한 활용하려는 분위기이고, 여직원을 최대한 배려하려 하고……. 하지만 조직은 상당히 타이트하고 일도 상당히 많은 편이죠."

박현정은 S기업이 상대적으로 여성에게 좋은 직장이라고 하지만 일하기는 힘든 직장, 노동 강도가 센 직장으로 평가한다. 한편 최경애는 앞선 인터뷰 내용에서 S기업을 여성에게 괜찮은 직장으로 평가했으면서도 여직원의 승진 차별에 대한 S기업의 관행을 지적했다. 즉 유리천장*이 존재한다는 말이다.

> "여직원을 공채한 시점이 아직 10년이 안 돼서 그런지 여성이 과장

---

* 여성의 고위직 진출을 가로막는 보이지 않는 장벽을 뜻하는 말.

으로 승진한 적이 없어요. 다만 이제 조금씩 승진을 시도하고 있긴 하지만, 쉽지는 않아요."

그럼에도 최경애가 S기업에 만족할 수 있었던 것으로, 결혼한 여직원에게 차별이 없다는 점을 들었다.

"다른 회사에서는 여성이 결혼 후 직장을 계속 다녀야 하나 말아야 하나 고민을 하지만 우리 회사는 그렇지 않아요. 예를 들어서 임신한 여성을 해고한 적도 없어요. 아예 회사는 임신한 여성이 그만둘까 걱정을 하죠. 나가면 회사 입장에서는 숙련된 직원을 하나 잃는다는 생각을 하거든요."

한편 박현정은 이렇게 말한다.

"S기업이 여성에게 일하기 좋은 직장인 이유는 임금 면에서 여성에 대한 차별이 없고, 예를 들어서 관리자가 여직원에게 커피 심부름을 시키거나 그런 일은 없어요. 그들이 불가피하게 차 심부름을 시키게 될 때는 정말 미안하다는 의사 표시를 하고, 이런 것들이 다른 남자 직원들에게 영향을 미쳐서 여직원을 동등한 직원으로 대접하는 문화를 만드는 거죠."

최경애와 박현정의 이야기를 통해서 S기업은 여직원을 동등한 능력을 가진 노동자로 인식하는 문화를 갖고 있음을 알 수 있는데, 이는 S기업의 합리성과 효율성을 중시하는 문화에서 비롯된 것이다. 즉 여직원에게 허드렛일을 시켜서 업무를 제대로 수행하지 못하도록 하는 것보다는 업무를 잘 수행하는 숙련된 노동자로 활용하는 것이 기업에 더 이득이라고 생각하는 것이다. 따라서 오너의 기업 운영 원칙을 관리자들 역시 공유하고 있고 조직 운영에도 반영된다는 점이, 여직원에게 '여성이 일하기 좋은 기업문화를 가진 S기업'으로 평가받는 이유가 아닐까?

하지만 아이러니하게도 박현정은 남편과 같은 직장에 다닌다는 이유로 IMF 당시 S기업에서 명예퇴직했고, 최경애는 여성의 승진 차별을 분명히 제기했다. 그렇다면 과연 S기업에서 여성을 동등한 능력을 가진 직장인으로 활용하는 것은, 직장 내 성평등 실현이라는 철학적 가치 혹은 괜찮은 여성 일자리 창출로 한국 사회의 성별 격차를 조금이라도 해소하자는 좋은 생각에서 출발한 것일까? 어쩌면 S기업은 그들의 이윤 추구를 위해 합리적으로 인재를 활용하는 데 최선을 다했을 뿐, 한국의 뿌리 깊은 남성 중심적 조직문화는 그대로 남아 있는 것이 아닐까 하는 생각이 든다.

## 대기업 L: 부드럽고 자유로운, 그러나 보수적인

대기업 L은 전통적으로 인화 중심의 협동정신을 강조하는 기업[27]으로 손꼽힌다. 특히 면접 당시 L기업의 홍보 문구는 'I Love L'로, 기업의 부드러운 이미지를 부각하면서 친근감을 강조하는 전략을 내세운다. 그렇다면 L기업에서 일하는 여직원들은 이러한 기업문화를 어떻게 경험했을까? L전자에서 5년 동안 일한 곽정미(24세)는 이렇게 말한다.

"우리 사무실 여자 동료 중에 적극적이고 대담하고 말이 많은 친구
가 있었는데, 이 회사는 그런 여직원을 별로 좋아하지 않아요. 기업
이 원하는 여직원상은 뭐랄까, 여성적이고 순종적인, 전통적 여성상
을 원해요."

곽정미의 말을 통해서 'I Love L'이라는 모토의 숨은 뜻은 여성에게 한
국적인 여성성이 가진 미덕을 십분 발휘하기를 원한다는 것을 알았다. 또
한 이런 문화는 여성에게만 국한되지 않고 전반적인 기업 분위기와도 연
관되어 있음을 곽정미의 다음 말에서도 알 수 있다.

"우리 사무실은 정말 도서관 같아요. 정말 조용하고 고요한, 또 팀원
들의 특성을 보면 상당히 개인적이고, 마치 프리랜서들처럼 자기 일
에만 열중하는 그런 분위기예요."

L전자에서 5년 동안 근무한 이연주(30세)는 이렇게 말한다.

"우리 기업문화, 신사적이고 자유롭고, 근데 상당히 보수적인 문화.
예를 들어 새로운 프로젝트에 도전하는 거보다는 안전성을 추구하
는 편이고, 너무 보수적이에요. 아마도 경상남도에 근거를 둔 기업이
라 그런지……."

이연주의 말에서 주목할 점은 한국의 개별 기업이 어떤 지역에서 시작되었느냐에 따라 기업의 독특한 성격이 결정된다는 점이다. 이연주가 말하는 한국의 남쪽 지방, 그것도 경상도에서 출발한 기업의 지역적 특성이 기업의 보수적인 성향과 연결되어 있음을 말해준다.

한편 곽정미와 정주미(26세)는 'I Love L'이라는 모토가 현실에서는 모순된 현상으로 나타났다는 것도 말한다.

> "이 회사는 말로는 '인화단결' 정책을 중요시하는데, IMF 당시에 다른 회사랑 다르게 해고 많이 안 할 줄 알았어요. 사실 굉장히 많은 사람들 해고했어요." -곽정미

> "우선 조화롭고 느슨한 문화, 좀 보수적이고. 근데 IMF 당시 사람들 해고하면서 굉장히 조용하게 비밀리에 진행했어요." -정주미

IMF 당시 구조조정에서 자유로울 수 없었던 L기업의 현실을 보면서, 곽정미와 정주미는 인화단결을 중시하는 대기업 L의 모토는 이미지나 겉포장일 뿐이라고 말한다. 한편 L기업의 조용하고 다소 수동적인 기업문화의 특성은 오히려 해고 과정을 비밀스럽게 진행함으로써 함께 일한 동료들과 제대로 된 작별인사조차 나누지 못하게 했다는 점에서 더 무서운 조직이 아닌가 하는 생각이 들기도 한다. 구성원들이 침묵하고 수동적이며 개별화되는 것을 조장하는 직장문화가 과연 직장 내 소수자 그룹인 여성이 일하기 편하고 안전한 환경일지는 의문이다.

## 대기업 H : 거친 마초문화 속에서 '명예 남성'이 되어버린 여성

건설회사가 모태가 되어 대기업을 이룬 H기업은 업종 특성상 남성 직원 비율이 상당히 높다. H기업의 모토는 '하면 된다'로, 이는 도전·모험·실천의 가치로 요약되기도 한다. H기업에서 6년 동안 일한 경험이 있는 유현재(24세)는 남성 중심적인 기업의 특성이 폭력과 연결되는 경우도 종종 있었음을 말한다.

> "일하는 환경이 상당히 거친데, 그 이유는 건설 일이 주로 밖에서 남자들이 주가 되어 하는 일이기 때문이라는 생각이 들어요. 예전에 처음 입사해서 남자 직원하고 여직원하고 대화를 하는데 정말 굉장히 거칠더라고요."

H기업이 바라는 여직원상에 대해서 유현재는 다음과 같이 말한다.

> "우리 회사는 자발적이고 뭐든지 할 수 있는 능력 있는 여직원을 원해요. 다른 회사는 예쁘고 순종적인 여자를 원하잖아요."

즉 남성 직원이 다수인 H기업의 업종 특성상 다소 거친 남성들과 소통하고 함께 일하기 위해서는 억세고 적극적인 여직원이 필요할 것이다. 그래야 조직 내에서 살아남을 수 있을 테니까 말이다. 따라서 조직도 겉모습은 여자지만 남자와 똑같은 능력과 성정을 가진 일종의 '명예 남성' 같은 여성을 원하는 게 아닌가 싶다.

11년 동안 H기업에서 일한 장부영(30세)이 말하는 H기업 문화의 특성은 융통성이 정말 없는 조직이라는 점이다.

> "우리가 뭔가 협의를 해야 하는 경우가 있잖아요. 근데 사장님이나 과장님들 업무 처리할 때 정말 융통성 없고, 한번 하기로 한 일은 무조건 해야 하고, 정말 보수적이고 비합리적인 일이 많아요. 도저히 설득이 안 돼요. 협의라는 건 없고."

즉 남성 중심적이고 거친 문화는 권위적이고 위계적인 권력관계 문화와 맞닿아 있다. 한마디로 민주적으로 소통하고 대화하는 것이 불가능하다는 점이 장부영을 가장 힘들게 하는 지점이자 기업 H의 특성으로 파악된다.

결론적으로 남성 중심적인 대기업 H에서 여직원이 살아남기 위해서는 거친 마초문화를 받아들이고, 여성 스스로 남성적으로 변해야만 한다. 그래서 아마도 다수의 남성을 위한 조직 운영 방식으로 인한 제도적인 혹은 눈에 보이지 않는 성차별을 감수해야 하고, 거칠게 툭툭 내던지는 남성의 성희롱 발언이나 행동도 너무 민감하게 대처한다면 H기업에서 버티기 어려울 것이다.

## 대기업 HS : 단정하고 젠틀한 보수성

HS기업의 기업문화 특성은 인터뷰 당시 유일하게 여성 오너가 경영인이 었다는 점, 그리고 대기업 S에서 계열 분리한 기업이라서인지 대기업 S의 기업문화와 닮은 점이 많다는 점이다. 하지만 6년 동안 HS기업에서 일한 조경미(29세)와 4년간 일한 손지혜(27세)는 S기업과 비교할 때 조직의 운영 방식이나 문화가 상대적으로 보수적이라고 말한다.

> "우리 회사는 모든 멤버들이 참 젠틀한 편이에요. 평범하고 원만한 성격을 가진 사람들, 사람들이 대체적으로 깔끔한 편이지요. 기업 오너는 깨끗하고 단정한 것을 상당히 강조해요." -조경미

> "사람들이 상당히 복종적이고 순진해요. 그리고 '젠틀맨'이라는 지칭이 딱 들어맞는 사람들이 많아요. 그래서 그런지 사람들이 열정적이라기보다는 평범하고 일상에 안주하는 그런 분위기……." -손지혜

HS기업은 최고경영자가 여성이라는 사실 때문에 여성이 일하기 편한 환경과 문화를 가졌을 것이라고 예상했다. 하지만 조경미와 손지혜의 답변에서는 여성 오너라서 뭔가 특별한 기업문화가 있지는 않음을 알 수 있다. 다만 단정하고 깨끗함을 강조하는 것이 다른 기업 오너들과의 차이점이다. 그리고 상대적으로 다른 기업에 비해 남성 관리자들이 과도하게 남성 중심적이거나 거칠지는 않다는 점이 차이일까? 하지만 도전보다는 안전하게 유지하는 것을 더 중요하게 생각하는 기업 운영 방식이 보수적인

기업문화에 기여한다고 인터뷰 참여자들은 생각하고 있다.


## 대기업 K: 배타적이고 권위적인 보수성

대기업 K의 주요 업종은 섬유산업으로, 경상남도를 근거지로 출발했다. 한국 섬유산업의 특성은 노동 집약적, 특히 여성 노동력을 많이 활용한다는 것이다. 따라서 대기업 K의 구성원 중 다수는 여성이지만, 여성이 일하기에는 불편하고 보수적인 문화를 가진 기업으로 손꼽힌다. K그룹에서 4년간 일했던, 현재는 비혼이지만 결혼을 앞둔 주하진(27세)은 상당히 흥분하면서 이렇게 말한다.

> "우리 회사는 정말 보수적이에요. 예를 들어서 여직원이 결혼하면 당연히 그만두는 걸로 회사는 생각해요."

주하진은 결혼한 여성을 퇴직하게 하는 것은 엄연히 성차별이라고 인식한다. 그녀는 상당히 활동적이고 자기주장이 강한 성격 같았다. 그녀는 결혼 후에도 직장을 계속 다니겠다고 회사에 주장할 수 없는 현실을 안타깝게 생각하고 있었다.

K기업에서 11년 동안 일하고 있는 기혼의 홍미자(30세)와 3년의 근무 경력을 가진 윤수희(26세)는 K기업의 기업문화 특성을 다음과 같이 말한다.

"우리 회사 색깔은 회색이에요. 너무 보수적이고 배타적이지요."
-홍미자


"우리 회사 직원들은 상당히 온순해요." -윤수희


　홍미자가 표현한 회색은 '기회주의적'이라는 뜻이고, 배타적이라는
것은 '새로운 것을 받아들이는 데 더디다'는 뜻과 더불어 '기존의 것을 유
지하고자 하는 성질이 강하다'는 뜻으로 요약해볼 수 있다. 한편 윤수희가
말하는 온순함은 회사에 뭔가를 요구하거나 적극적인 변화를 꾀하기보다
는 순응하고 받아들이는 것에 익숙해진 기업 사람들의 유형을 설명해준
다. 이러한 기업문화로 미루어보건대, 여직원의 성희롱 피해 경험에 적극
적으로 문제를 제기하고 이를 시정하기 위해 노력하기에는 어려운 환경
이라는 것이 짐작된다.


**대한민국 국회: 남성에 의한, 남성을 위한, 남성 중심의 권
위주의 조직**

대한민국 국회는 한국의 대표적인 정치 조직이다. 인터뷰 참여자 중 국회
에서 일한 경험이 있는 김은영, 이윤희, 박진주 모두 공통적으로, 대한민국
국회는 남성에 의해 지배되는 남성 중심적인 조직이라고 말한다. 그도 그
럴 것이 2012년 기준 우리나라 여성 국회의원 비율은 15.7퍼센트로 전체
국회의원 300명 중 47명에 불과하다. 그 가운데 지역구 여성 국회의원은

## 〈표 4〉 IPU(국제의원연맹) 여성 국회의원 비율과 각국의 순위

| 구분 | 국가별 순위 | 총 의원 수(명) | 여성 국회의원 비율(퍼센트) |
|---|---|---|---|
| 스웨덴 | 4 | 349 | 44.7 |
| 노르웨이 | 11 | 169 | 39.6 |
| 네덜란드 | 14 | 150 | 38.7 |
| 오스트리아 | 34 | 183 | 27.9 |
| 독일 | 24 | 620 | 32.9 |
| 영국 | 57 | 650 | 11.5 |
| 미국 | 77 | 434 | 18 |
| 대한민국 | 87 | 300 | 15.7 |

※ 출처 : 국제의원연맹 홈페이지(www.ipu.org)
양원제 국가의 경우 하원을 기준으로 산출함(2002년 기준)

## 〈표 5〉 제19대 대한민국 국회의원 보좌진 성별 비율

| 직급 | 남성(퍼센트) | 여성(퍼센트) | 전체(명) |
|---|---|---|---|
| 보좌관(4급 상당) | 553명(94) | 34명(6) | 587 |
| 비서관(5급 상당) | 487명(83) | 97명(17) | 584 |
| 비서(6급 상당) | 239명(81) | 57명(19) | 296 |
| 비서(7급 상당) | 190명(63) | 110명(37) | 300 |
| 비서(9급 상당) | 76명(26) | 218명(74) | 294 |
| 인턴 | 204명(38) | 326명(62) | 530 |
| 합계 | 1749명(68) | 842명(32) | 2591 |

※ 출처 : 대한민국 국회 사무처(2014년 2월 12일 기준)

19명밖에 없다.[28]

　대한민국 국회의 남성 중심성은 양적으로 남성 국회의원이 많다는 점뿐 아니라, 국회의원 보좌진 역시 상급직은 남성이 대부분이라는 점에서 잘 드러난다. 물론 하급직 비서는 여성이라는 점 또한 주목해야 할 지점이다. 표 5를 보면 2014년 현재도 국회의원 보좌진 중 4급 이상 여성 비율은 단 6퍼센트인 반면, 9급은 74퍼센트로 절대 다수를 차지하고 있다. 최근 도입된 비정규직 인턴의 경우 62퍼센트로, 성별에 따른 수직적 분리를 정확히 보여준다.

　인터뷰에 참여한 세 명의 여성 비서 역시 7급 이하의 하급직에 해당하며, 그들의 주요 업무는 전화 응대, 손님 접대, 자료 정리와 복사 등의 허드렛일이다. 김은영과 박진주는 대학 졸업자이지만 일반 회사에서 고졸 사무직에게 부여되는 업무를 수행하고 있었다.

> "국회는 정말 남성 중심적인 조직이에요. 왜냐하면 국회의원 다수가 남성이고 여성은 10퍼센트도 채 안 되니까 조직이 보수적이고 권위적일 수밖에 없어요." -김은영

> "국회는 정말 보수적인 조직이에요. 대부분의 구성원들이 상당히 위계적인 태도를 보이고, 우리 사무실 사람들도 다르지 않아요."
> -이윤희

　국회에서 5년간 비서로 일한 김은영(27세)과 3년 동안 일한 이윤희(24

세)는 공통적으로 그들의 조직문화를 '권위적', '위계적'이라고 반복해 강조한다. 국회에서 일한다는 것은 단선적이고 위계적인 직장문화를 받아들이는 과정이다. 그도 그럴 것이 국회의원 보좌진은 국회의원 한 사람을 지원하는 역할이 주요 업무이기 때문이다. 그리고 보좌진은 별정직 공무원 3급에서 9급에 이르기까지 직급에 따라 보좌하는 역할과 내용이 정해지는 위계 서열 구조를 가지고 있다. 상급 보좌진은 국회의원이 상정할 법안과 관련해 정책 보좌를 하는 나름대로 생산적이고 전문적인 일을 하지만, 어쨌거나 국회의원 한 사람의 생각과 의견에 복종해야 한다. 따라서 정책 보좌가 아닌 개인 비서 업무를 맡은 하급 여성 보좌진의 업무 종속성은 더 말할 나위도 없다. 이런 맥락에서 하급 여성 비서의 경우 공적인 업무뿐 아니라 사생활 영역까지도 자유롭지 못한데, 박진주(27세)는 이렇게 말한다.

"우선 우리는 사생활을 가질 수 없어요. 하루 일과가 다 끝났다 하더라도 의원님 혹은 상급 보좌관이 사무실을 나가지 않으면 절대 먼저 퇴근하기 어려워요. 정말 위계적이죠."

특히 기혼 여성인 박진주로서는 사생활까지 모두 접어두고 임해야 하는 국회의원 비서 일은 참으로 힘든 업무였다. 한 예로 가족이나 친구와 아주 중요한 선약이 있다 하더라도 국회의원의 일정에 따라 본인의 개인적인 일은 모두 희생해야 한다. 과연 이러한 권한은 어디에서 비롯되는 것일까? 국회의원 사무실에 근무하는 모든 직원은 '엄중하고 위급한 국가적 대사'를 위해 그들의 사생활 침해를 당연하게 받아들여야 하는 것일까?

아니면 한국 사회에서 국회의원의 정치적 권력이 경제적·제도적·학문적 권력보다도 더 높은 위치에 있기에 일어날 수 있는, 권력의 정도를 넘어선 폭력인 것인가?

이러한 정치적 권력을 휘두르는 300명의 국회의원으로 구성된 대한민국 국회의 문화가 얼마나 위계적·보수적·권위적인 조직문화의 표상인지 다시 한 번 확인하게 된다. 씁쓸한 것은, 이런 조직에서 민주주의를 실현하고 국민에게 봉사하는 입법이 실현될 수 있을까 싶기 때문이며, 여기서 일하는 여직원들이 다양한 형태의 성적 폭력까지 감수하며 지내야 하는 것이 아닌가 싶기 때문이다. 그런 생각이 드니 2013년 5월 대통령 방미 중 발생한 전 청와대 대변인의 성희롱·성추행 사건이 다시 한 번 상기된다.


**외 국 계 회 사 : 눈 에 보 이 는 차 별 은 없 다**

1970년대 이후 외국의 대기업이 한국에 지사 형태로 진출하기 시작하면서 글로벌 기업들도 한국에 안착하기 시작했다. 외국계 기업에서 4년 동안 일하고 있는 채수원(27세)은 한국 기업과 외국계 기업의 문화적 차이를 이렇게 설명한다.

"우리 회사에서는 여직원한테 '복사해라, 커피 타라' 그런 허드렛일은 시키지 않아요. 그런 일은 남녀 불문하고 신입 직원들이 동등하게 나누어 해요. 그런 측면에서 외국계 회사가 한국 회사랑 비교할 때 여직원들이 일하기 좋은 환경이죠. 한 예로 결혼한 여성이 편안하게 일할 수 있죠. 자기 업무만 마무리하면 '칼퇴'가 가능해요. 아무리 상사가 사무실에 있어도……."

채수원은 외국계 회사와 한국 회사의 차이를 설명하면서 한국 회사가 얼마나 여직원에게 불편한 작업 환경을 제공하고 허드렛일을 마구 시키는 불평등한 조직인지를 은연중에 말한다. 채수원이 이렇게 말할 수 있는 근거는 그녀 역시 한국의 일반적 기업의 보편적인 행태, 즉 임금·승진·업무 등에서 얼마나 차별이 심각한지 인지하고 있기 때문일 것이다. 반면 외국계 기업에서는 적어도 제도적인 평등이 보장되고 실행되기 때문에 눈에 보이는 차별은 없다고 분명히 말한다. 그럼에도 한국보다 경제적·제도적·문화적으로 선진국으로 인식되는 미국이나 유럽의 기업에서도 유리천장은 분명 존재하기 때문에 완전히 남녀가 평등한 조직문화를 가졌다고 평가하기는 이르다. 하지만 한국 여성에게 외국계 기업은 일반적인 한국 기업과 비교할 때 그래도 괜찮은, 일할 만한 조직으로 인식된다.


## 중소기업 : '가족'이라는 이름으로 강요하다

보통 영세기업으로도 지칭되는 15인 이하 소기업의 기업문화에 대해서 살펴보기로 하자. 감정평가사 사무실에서 5년 동안 근무한 최정희(24세), D서비스라는 작은 기업에서 5년째 일하고 있는 윤혜자(38세), D서비스에서 4년 동안 일한 신선영(27세)의 경험을 통해서 한국의 중소기업이 어떤 기업문화를 갖고 있는지 알 수 있을 것이다. 최정희는 이렇게 말한다.

"우리에겐 여직원을 위한 어떤 조직도 없어요. 노조도 없고 여직원회 같은 것도 없고. 그러니까 여직원 복지에 대해 요구하기도 힘들고, 특히 성차별이 있다 해도 뭔가 법적으로 처리해달라고 요구할 데가 없는 거죠."

작은 사무실에 여직원 몇 명이 근무하는 작은 기업의 경우, 여직원들이 직장생활을 하면서 문제가 발생했을 때 이를 의논할 만한 단체나 조직이 회사 내에 없다는 점이 가장 큰 문제로 보인다. 여직원들은 성차별로 인한 부당한 대우를 받게 되더라도 누구에게, 어떻게 문제를 제기해야 하는지조차도 알 수 없는 답답함을 토로한다. 이런 상황 때문인지 한국여성노동자회[29]에 따르면, 2009년부터 2012년까지 30인 미만 사업장에서 근무하는 여성 노동자가 성차별 사례 혹은 성희롱 경험을 상담하는 건수가 점차 늘고 있다고 보고한다. 2012년 기준으로 내담자 중 70.7퍼센트가 30인 미만 사업장 종사자였다. 즉 작은 기업에서 일하는 여성의 경우 한국여성노동자회와 같은 외부의 여성노동자 권리 지원 단체를 찾는 것 외에는 조직 내에서 문제를 해결하기 힘들다는 점을 말해주는 결과다. 한편 소기업 기업문화의 특성에 대해 윤혜자와 신선영은 다음과 같이 말하기도 한다.

"우리 사장님은 우리가 직원인지 가족인지 구분이 잘 안 가는지, 공식적으로 뭔가 요청하고 일을 함께하고 그런 문화가 없어요."

-윤혜자

"매일 작은 사무실에서 얼굴 마주 하고 있으니까 친하죠. 친하게 지
내지 않으면 정말 회사 생활하기 힘들어요. 그러니까 뭔가 불편한 일
이 일어나도 정확히 뭐라고 하기 힘들죠." -신선영

이들은 중소기업의 기업문화를 '가족과 같은 친숙함'이라고 말한다.
하지만 이런 친숙함이 장점이기보다는 불편한 상황을 만든다고 주장한다.
즉 이러한 친숙함은 성차별과 성희롱이 발생한다 하더라도 정확하게 문
제를 제기하고 이를 개선하기 힘들게 만드는 분위기를 내포한다는 것이
다. 신선영은 이와 관련해 이렇게 말한다.

"회사가 너무 바쁘면 사실 야근수당을 주지 않아도 그냥 남아서 일
해야 해요. 어떡해요? 뻔히 다 바쁘고 힘든 거 아는데, 수당 안 준다
고 그냥 나 혼자 가버릴 수는 없고……."

중소기업의 '가족과 같은 친숙함'을 강조하는 문화는 여직원에게 가
해지는 부당한 대우나 차별적 관행을 그대로 수용할 수밖에 없는 상황과
맞닿아 있다. 그러기에 비록 실행되지 않는다 하더라도 직장 내 성평등을
위한 기본적인 제도와 체제를 갖춘 대기업과 달리 그러한 체계가 전혀 없
는 중소기업에서 여직원은 성차별 경험을 그저 묵인하고 수용해야 하는
경우가 더 많을 것이라고 판단된다.

지금까지 다섯 개의 대기업과 대표적인 공조직인 대한민국 국회, 외국계 기업, 중소기업까지 모두 여덟 개의 개별 조직이 갖는 특성을 인터뷰 참여자들의 의견을 통해 짚어보았다. 예상은 크게 벗어나지 않았다. 오너가 직접 경영에 참여하는 한국의 대기업 문화는 보수적이고 남성 중심적이며 위계적이었다. 그리고 대한민국 국회는 한국의 조직문화 특성이 가장 첨예하게 드러난 대표적인 조직임을 확인할 수 있었다. 그래도 조금은 다른 성향을 보인 대기업 S는 '사람 중심의 기업, 합리성'을 표방한다는 차원에서 여성을 동등한 인재로 기용하고 활용하려는 여지가 조금은 있어 보인다. 하지만 제도적 평등을 실현하는 외국계 기업과 비교해볼 때 여전히 여성에게 괜찮은 그리고 편안한 일자리를 제공하는 조직으로 S기업을 명명하기에는 한계가 많다.

이제 각각의 기업이 가진 독특한 문화가 어떻게 성차별적 조직으로 실행되고 있는지 다음 장에서 살펴보도록 하자.

# 왜 우리의 일터는 성차별적인가?
## 오피스 와이프 혹은 직장의 꽃

한국 여성의 경제활동참가율은 55.2퍼센트다. 미국 67.6퍼센트, 영국 71퍼센트, 덴마크 75.8퍼센트와 비교할 때 상당히 낮은 편이며, OECD 국가 평균인 62.3퍼센트와 비교해도 한참 낮다.[30] 또한 대졸 여성의 경제활동참가율은 62.4퍼센트로, OECD 국가 평균 82.6퍼센트에 비해 매우 저조하다. 여성의 경제활동참가율이 낮다는 것은 조직 내에서 여성이 소수라는 이야기이며, 이는 남성 중심적이고 성차별적인 조직문화의 기본 전제가 된다. 한편 성별 임금격차 역시 2011년 기준으로 한국 여성은 남성에 비해 37퍼센트 적은 임금을 받는다. 남성이 100만 원을 받을 때 여성은 63만 원을 받는다는 말이다. OECD 국가 평균이 15퍼센트인 점을 감안하면[31] 한국의 성별 임금격차는 상당히 높은 편이다. 이러한 객관적인 지표만 봐도 한국 여성이 일터에서 어떠한 성차별적 상황에 놓여 있는지 알 수 있다.

여성주의 조직 이론가인 캐서린 이친Catherine Itzin[32]은 성별화된 조직문화의 특성을 다음과 같이 제시한다. 위계적이고, 가부장적이며, 작업 수행 시 성별 분리에 기초해 수평적·수직적으로 업무를 분리하고, 조직의 제도와 기본적 환경이 성별 차이를 전형화하며, 따라서 성차별적이고 성애화된 환경이 조성되어 성희롱의 발생 원인이 되기도 한다는 것이다. 심지어 조직 내 구성원 가운데 성차별주의자나 여성 혐오주의자도 상당수 존재함을 밝혔다. 또한 이러한 조직은 성차별적 문화에 저항하고 변화를 꾀하는 데는 상당히 보수적인 특성을 보인다고 지적한다.

내가 만난 28명의 인터뷰 참여자들은 자신들의 일터에서 일상적으로 경험한 성차별 사례를 이야기하면서 성차별적 조직문화가 어떻게 여성으로 하여금 성희롱 피해에 저항할 수 없게 만드는지를 잘 알려준다.

## 여전한 성별 고정관념 : 국회 사무실의 여성

대학 교육을 받은 여성 비율이 약 50퍼센트에 이르고 사법고시·외무고시·행정고시의 수석 합격자가 여성이라는 기사를 종종 접하기도 하면서 알파걸[*33] 신드롬이 부상하는 21세기를 현재 우리는 살아가고 있지만, 이런 현대 사회에도 성별 고정관념이 여전히 존재한다면 그건 무엇 때문일까? 아무리 세상이 변했다 하더라도 여성은 임신 능력이 있다는 것, 남성은 군복무라는 국가적 책무를 진다는 것에서부터 성별 고정관념은 작동하는 것이 아닐까? 어쩌면 너무 남녀의 신체적 차이를 사회현상 분석에

---

* 공부·운동·리더십 등 다양한 방면에서 남성을 능가하는 영리한 신세대 여성을 일컫는 말.

그대로 대입하는 것 아니냐며 비판할 수도 있겠다.

하지만 남성과 여성이라는 생물학적·신체적 차이로 인한 서로 다른 경험과 생각의 차이가 현실에서 차별을 만드는 동력이라는 판단은 여전히 유효하다고 생각한다. 특히 조직 내에서 동등한 학력을 가졌다 하더라도 여성보다 남성의 노동력을 우위에 놓는 이유는, 여성은 결혼하면 아이를 낳고 주 양육자가 되는 경우가 많다는 점, 그런 여성과 함께 사는 남성은 생계 부양자로서 가정 경제의 책임을 져야 하고 동시에 사회적 역할과 책임을 진다는 점 때문일 것이다. 돌봄 영역의 일자리에 여성이 많이 종사하게 되는 성별 직종 분리 역시 이러한 구분과 연결되어 있음을 부인하기 어렵다. 이와 관련해서 여성주의 경제학자 캐서린 하킴Catherine Hakim은 다음과 같은 견해를 펼친다.

"보편적으로 남녀의 직업에는 수평적 직종 분리가 엄연히 존재한다. 예를 들면 옷을 만들 때 남성은 재단사, 여성은 재봉질을 하는 역할 분담을 하게 되고, 남성 목수가 많은 반면 여성의 경우는 주방에서 요리하는 일에 종사하는 경우가 많다. 한편 수직적 성별 분리는 남자는 고위직·고임금·관리자로 종사하고, 반면 여성은 하위직·저임금·평직원인 경우가 많은 것을 말한다. 한 예로 학교에 여자 평교사는 많지만, 교장은 남자가 대다수라는 점이다."[34]

2012년 통계청이 발표한 직업별 취업자 현황[35]에 따르면, 여성 관리자는 10.9퍼센트로 겨우 두 자릿수를 넘었으며, 서비스업 종사자는 66퍼센트로 여성 비율이 높은 편이고, 장치·기계·조작 및 조립 직종의 여성 비율은 12퍼센트로 직업별 취업자 여성 비율 중 가장 낮은 수치를 보인다.

이와 같이 업종에 따른 수평적 성별 분리는 현재진행형이다. 직장 내 수평적·수직적 분리와 관련해서 볼 때, 남성적·권위적 조직인 대한민국 국회에서 대졸자지만 하위급 비서로 일하는 김은영은 다음과 같이 본인의 업무에 대한 불만을 토로한다.

"여자 비서의 업무는 참 제한적이에요. 난 대졸자인데도 커피 타고 전화 받는 허드렛일만 하고, 나랑 똑같이 대학 졸업한 남자 비서들은 정책 만드는 일을 해요."

김은영의 말에서 대한민국 국회의 성별 직종 분리 문화의 심각성을 알게 된다. 사실 일반 기업에서는 보통 고졸 여직원이 하는 일을 대한민국 국회의원 사무실에서는 대졸 여직원이 담당한다. 이는 엄격한 수직적 분리의 전형이다. 국회의원 사무실에서 5년간 일한, 대학 졸업 학력을 가진 박진주 역시 비슷한 불만을 제기한다.

"우리가 하는 일의 질은 남자 비서들하고는 아주 달라요. 나 역시 대학을 졸업했고 뭐든 할 수 있는데, 난 보고서 쓰는 일엔 얼씬도 할 수 없고, 의원실 운영을 위한 행정 일, 허드렛일만 하라고 해요."

김은영과 박진주가 대한민국 국회에 취직한 이유는 국회의원 보좌진이 되고 싶었기 때문이고, 그녀들이 진정 하고 싶었던 업무는 입법을 위해 정책 보좌를 하는 업무였다. 하지만 그녀들은 여성이라는 이유로 사무실 운영이나 행정을 위한 보조 업무만을 수행해야 했고, 그런 현실에 성차별을 체감했다. 감정평가사 사무실에서 5년간 근무한 최정희 역시 유사한 경험을 했다.

> "남자 직원들이 여직원들한테 도면에 색칠을 해달라고 요청하는 경우가 종종 있어요. 내 일이 아니고 남자 직원이 할 일인데도 처음 입사했을 때는 그냥 했어요. 내 일도 아닌데 하면서……. 근데 요즘은 그런 일 안 해요. 내 일이 아니니까."

최정희의 경험에서 한국의 조직 운영 방식은 참으로 불합리하다는 것을 확인할 수 있다. 분명 자신의 일인데도 자기보다 아래 직급의 여자라는 이유만으로 일 떠넘기기를 서슴지 않는다. 입사 초기에 최정희는 부당하다고 여기면서도 어쩔 수 없이 그런 요구를 받아들였지만 근무 경력이 쌓이면서 부당한 요구에 거부할 용기가 생겼다고 말한다. 조직에는 성별 위계뿐만 아니라 연령이나 근무 경력에 따른 위계도 분명히 존재한다는 점을 알 수 있는 대목이다. 이와 관련해 인터뷰 당시 20여 년간 다양한 직장에서 일했으며 D서비스에서는 5년간 근무한, 인터뷰 참여자 중 가장 나이가 많은 윤혜자는 이렇게 말한다.

> "아직까지 직장에서 일을 구분하는 데는 고정관념이 참 강한 것 같아요. 20년 전 내가 고등학교를 갓 졸업하고 처음 회사에 들어갔을 때는 남자 직원들 책상 닦아주고 컵도 씻어주고……. 그땐 그게 여직

원들이 꼭 해야 하는 임무로 생각했죠. 그래서 나이 든 상사가 시키면 담배 심부름도 하고 재떨이도 비워주고 커피는 당연히 타야 했죠. 지금은 그런 일까지는 안 하죠. 나도 나이가 있고 직장 경험도 오래됐고……. 근데 여전히 대부분 남녀가 해야 할 일을 정해두는 기업문화는 많이 변하지 않았죠."

윤혜자의 경험을 통해서 직장 내 성별 직무 분리 문화뿐 아니라 연령에 따른 차별과 복종 문화가 조직의 주요한 운영 원리이며 차별을 만드는 또 다른 요소임을 알게 된다. 아마도 성별이나 연령에 따른 서로 다른 권력의 차이와 위치 규정은 한국의 뿌리 깊은 유교문화에서 비롯했다고 볼 수 있다. 그렇다면 이런 의문이 든다. 성별에 따른 직무 분리가 왜 조직의 성차별 문화를 유지, 강화하는 데 기여할까? 그리고 잦은 성희롱 발생과는 무슨 연관이 있는 것일까?

성별 직무 분리는 여직원을 단순하고 반복적인 업무만을 처리할 수 있는 사람으로 고정한다. 그래서 아무리 오랫동안 직장생활을 한다 하더라도 여직원은 자신만의 고유한 업무 영역과 전문성을 가지기 힘들다. 결국 여성은 같이 입사한 남성과는 달리 단순 업무만을 처리하게 되면서 조직 관리자로서 자리매김하기 힘들고, 결국 승진과는 먼 일터 생활에 순응해야 한다. 이런 과정은 어쩌면 상당히 정교하고 계획적으로 여성을 조직의 중심에서 배제하는 논리이기도 하고, 다수의 여성이 낮은 직급이나 지위에 머무르게 되는 아주 주요한 요인이 되기도 한다. 따라서 조직 내에서 중심 역할을 못하고 낮은 지위에 있는, 그리고 언제든지 대체 가능한 단순

노동을 수행하는 하위직 여직원은 성희롱 피해의 주요 타깃이 될 가능성이 높다.


## 직장에서도 아내가 필요해? 가치 절하된 여성의 일

성별에 따른 조직 내 직무 분리는 여성의 일을 가치 절하한다. 여직원이 동료이기보다는 오피스 와이프, 직장의 꽃으로 규정되면서 공식적인 업무 외에 정서적·심리적 책무를 부과하는 감정노동을 강요하는 문화를 생산한다.

여성이 사무실의 아내, 꽃으로 불리는 맥락에 대해서 여성학자 로즈마리 프링글Rosemary Pringle[36]은, '오피스 와이프'라는 논쟁이 시작된 것은 중산층 여성이 집을 나가 공적인 영역에서 일하기 시작한 무렵부터라고 밝힌다. 일터로 나온 여성에게 조직은 여성의 가정 내 역할을 여전히 강조하는데, 이는 낮은 지위에서 보조적인 역할을 수행하도록 하는 성차별적 관행을 반복하는 문화에서 비롯한다는 것이다. 11년 동안 H기업에서 비서로 일한 장부영은 이렇게 말한다.

> "여비서에 대한 고정관념은 참 심해요. 사람들은 사장님이 안 계실 때 우리를 할 일 없는 사람으로 생각하죠. 전혀 전문적인 일로 생각하지 않아요. 그냥 차나 타고 전화나 받는 사람 정도. 그리고 사람들은 내가 바쁘다고 그러면 '아니, 네가 왜 바빠? 넌 늘 한가하지 않니?'라고 말해요. 종종 우리 사장님은 나한테 그래요. '뭐하고 있어?

안 바쁘지? 차 한잔 줘.' 내가 머릿속으로 내일은 어떻게 할까, 고민하고 책을 읽고 있을 때 그들은 내가 한가하다고 생각해요. 이럴 때마다 난 너무 화가 나요."

비서의 직무가 상사의 업무를 지원하고 보조하는 역할이라는 점을 부인할 수는 없다. 하지만 장부영이 화가 난 것은, 비서는 상사의 시중을 드는 것 외에 고유의 업무 영역이 없는 것으로 규정하는 사람들의 시선 때문이라고 말한다. 비서는 상사가 있을 때는 상사가 시키는 일에 전념하지만 그렇지 않을 때는 업무 수행을 위해 필요한 자기만의 시간을 쓰기도 하는데, 사람들은 그 점을 간과한다는 것이다. 한편 비서로서 업무 수행 시 가장 힘든 점은 오피스 와이프로서 엄청난 심리적·정서적 자제력을 발휘해야 할 때가 많다는 것이다. 이를 앨리 R. 혹실드Arlie R. Hochschild는 '감정노동'이라고 명명한다.

"감정노동은 사람으로 하여금 다른 사람들의 기분을 좋게 하려고 자신의 감정을 고무시키거나 억제하게 한다. (……) 이런 노동은 정신과 기분이 잘 조절되어야 하고, 경우에 따라서는 각자의 개성을 구성하는 본질이라고 여기는 부분까지도 다 내어주어야 할 상황이 생기기도 한다."[37]
혹실드는 비행기 승무원의 직무를 주요 사례로 들어 감정노동의 성차별성을 자세하게 서술하면서, 승무원이 아닌 업종에 종사한다 하더라도 여성에게는 승무원이 가지는 감정노동이 조금씩 요구되고 있음을 주장했다. 여전히 여성의 직무가 보조적인 역할로 규정되는 우리의 일터 현실에서 여직원은 그녀의 고유 업무와 무관하게 직장의 분위기를 자연스럽고 부드럽게 만들어야 한다는 명목하에 부과되는 감정노동을 피하기 힘들다. K기업에서 11년째 일하고 있는 홍미자는 이렇게 말한다.

> "불과 몇 년 전만 해도 여직원은 남자 직원이 일 잘할 수 있게 협조하고 돕는 역할을 하면 임무 끝이라고 생각했죠. 근데 요즘은 좀 변하긴 해요. 여자도 자기 맡은 고유 업무를 해야 하니까. 그렇다고 윗사람 비위 맞추고 하는 일이 줄지는 않아요. 그건 당연히 해야 하는 거고."

여기서 '보조 업무'의 의미는, 여직원이 남성 동료가 맡은 고유 업무, 예컨대 업무 보고서를 잘 쓸 수 있도록 자료를 찾아주거나 복사를 하는 등 표시 나지 않는, 자신의 업무 성과로는 인정되기 어려운, 소소한 일을 대신 해주는 것을 말한다. 이러한 일터의 문화가 지속되면 여직원의 업무 독립성이나 자율성이 떨어지는 것은 당연한 결과다. 이러한 보조적 역할과 관련해서 7년간 H보험에서 일한 박유진(26세)은 자신이 주요 업무에서 어떻게 배제되었는지를 설명한다.

> "사무실에서 회의할 때 종종 나를 빼고 해요. 내가 그 회의에 참석해서 내 업무와 관련된 사항을 공유해야 하는데도, 사무실을 비우면 안 된다는 이유로 혹은 전화 받을 사람이 필요하다는 이유로 나를 회의에서 배제해버려요."

박유진의 생생한 경험을 통해 우리는 일터에서 여직원이 어떻게 오피스 와이프로 전락하는지 정확히 알게 된다. 상대적으로 평등한 조직문화를 가졌다고 평가되는 외국계 회사에 근무하는 채수원은 고객들로부터 본인이 여성이기 때문에 업무의 전문성을 의심받는 경험을 했다고 말한다.

> "참 재미있어요. 내 업무고, 내가 그 일을 충분히 할 수 있는 능력을 가진 사람인데도, 어떤 고객은 내가 응대해드리는 걸 싫어하고 '남자 직원 불러와'라는 식으로 이야기해요. 한마디로 '여자는 못 믿는다' 그거예요."

이러한 여직원의 업무 능력에 대한 가치 절하, 이로 인한 성별 직종 분리의 고정된 문화는 오랜 경력의 여직원이라 해도 결국 승진 누락으로 귀결된다. 이는 다음 단락에서 자세히 이야기할 임금의 성차별과도 무관하지 않다. 즉 오피스 와이프, 직장의 꽃이라는 규정은 여성을 동등한 동료가 아닌 단순 '여직원'이나 '성적인 대상'으로 취급하는 성희롱 피해와도 밀접하게 연결된다는 점이 또 다른 문제를 만든다.

## 슈퍼우먼이 돼라 : 임금과 승진에서의 성차별 현실

임금과 승진의 차별은 늘 연동되어 있다. 즉 승진이 어렵다는 것은 고액의 연봉을 보장받을 수 없다는 것이다. 앞서 2011년 기준으로 한국의 여성은 남성에 비해 37퍼센트가량 임금을 적게 받고 있음을 확인했다. 또한 기업의 여성 임원 비중도 1.9퍼센트로 중국 8.5퍼센트, 뉴질랜드 9.3퍼센트에 비해 상당히 낮다.[38] 한국 기업 내 동일 직급의 성별 연봉을 비교한 인크루트[39] 자료에 따르면, 같은 직급의 남직원 평균 연봉은 3919만 원이고 여직원은 2576만 원으로 남직원이 1343만 원(52.1퍼센트) 더 많이 받았다. 이는 여직원이 남직원보다 34.3퍼센트 임금을 덜 받고 있다는 것이다. 특히 직급이 올라갈수록 남녀 간 연봉 격차는 더 심해진다. 부장급 남직원 대비 여직원의 연봉 수준은 49.5퍼센트로, 가장 격차가 크다. 이는 부장급 여직원은 50.5퍼센트만큼 임금을 덜 받고 있다는 얘기다. 이와 같은 임금격차는 동일가치 노동에 대한 동일 임금은 제도일 뿐 현실에서는 전혀 실현되지 않고 있음을 보여주는 단적인 예다. 이러한 현실을 인터뷰 참여자들은 어떻게 경험하고 있을까? 상대적으로 평등한 외국계 회사에 다니는 채수원 역시 임금과 승진에서 겪은 차별을 다음과 같이 말한다.

"외국인 회사가 한국 일반 기업보다는 여자들이 일하기 좋다고 하지만, 여전히 우리도 임금과 승진에서 차별이 존재해요. 그래서 내가 남자들과 동등하게 대우를 받으려면 그들보다 더 많이, 더 열심히 일하는 수밖에 없다는 생각을 해요."

한마디로 여직원이 일터에서 인정받는 일꾼이 되기 위해서는 슈퍼우먼이 되어야 한다는 것을 채수원의 말을 통해 알 수 있다. 한편 국회에서 5년 동안 일한 김은영과 H기업에서 11년 동안 근속한 장부영은 임금격차와 직결되는 승진의 불평등 문제를 거론한다.

"우리는 9급 비서라는 직급을 부인할 수 없어요. 별정직 공무원이기 때문에 그냥 계속 9급 비서인 거죠." -김은영

"승진 시험에서 여성은 남성보다 2년 늦게 기회가 와요. 그리고 윗분들은 남자들한테 인사고과 점수를 잘 줘요. 난 정말 남자들보다 더 열심히 일하는데 왜 승진하기 힘들고 어려운지 정말 이해할 수가 없어요. 그러면서도 버티려고 열심히 일하죠." -장부영

대한민국 국회에서 비서로 5년간 일한 경험이 있는 김은영은 동등한 대졸 학력이지만 남성은 5~7급 비서이고 여성은 대체로 학력과 무관하게 9급인 경우가 많았다며 불만을 제기한다. 앞서 직무상 차별에서도 밝힌 대로, 국회에서 일하는 여비서들은 남성이 입법 관련 정책 일을 하는 동안 사무실 운영을 위한 행정 보조 업무만을 수행하는 엄격히 분리된 성별 분리 직무 체계 속에 놓여 있었다.

그렇다면 2014년 현재 국회의원 보좌관의 성별 직종 분리는 변화가 있을까? 현재 19대 국회의원 보좌진 2591명 중에서 여성은 842명으로 32퍼센트다. 특히 4급 보좌관은 34명으로 6퍼센트에 불과하다.[40] 18대 국회 기준[41]으로 보면 전체 보좌진 1761명 중 여성은 424명으로 24퍼센트이고, 직급별로 보면 4급은 36명으로 6.1퍼센트, 9급은 250명으로 84.7퍼센트다. 따라서 19대 국회의원 보좌진에서 4급 비율은 18대에 비해서 더 낮아졌음을 알 수 있다. 이 결과만 놓고 보더라도 대한민국 국회의 남성 중심성이 쉽게 개선되기는 어려워 보인다.

H기업에서 11년째 일하고 있는 장부영 역시 승진이라는 큰 산을 넘을 수 없는 이유를 본인의 업무 능력의 문제가 아닌, 관리자의 성차별적 태도와 관행 때문이라고 지적한다. 즉 여성은 관리자가 남성 부하 직원에게 인사고과 점수를 높게 주는 관행에 저항할 도리가 없다는 것이다. 따라서 남성 관리자가 여직원에게 높은 점수를 주도록 하려면 남직원보다 두 배 혹은 세 배 이상 노력해야 한다. 장부영은 승진상의 명백한 성차별적 현실을 인식하고 있지만, 묵묵히 열심히 일하는 것 외에 다른 방법이 없는 자신의 현실을 담담히 받아들인다.

승진상의 차별과 관련해서는 사실 28명의 인터뷰 참여자 모두 이구동성으로 불만을 제기했다. 고등학교 졸업 후 H기업에서 6년째 일하고 있는 유현재, 대학 졸업 후 C금융에서 3년간 일한 지민애는 승진과 관련한 차별에 대해서 이렇게 말한다.

"우리는 승진시험을 통과해야 승진이 되는데, 나처럼 고졸자가 승진시험을 칠 수 있는 기회는 10년 근속이어야 가능해요. 저에게 승진은 참 어려운 일이죠." -유현재

"승진하려면 시험을 봐야 하는데 한 8~9년 기다려야 승진시험 볼 기회가 와요. 여직원들은 참 어렵죠." -지민애

유현재와 지민애는 분명 다른 일터에서 일하고 학력도 다르다. 하지만 그녀들의 승진상 차별에 대한 경험은 비슷하다. 시험이라는 공정한 절

차를 통해 승진을 쟁취하고 싶어도, 여직원에겐 승진시험을 치를 기회조차 상당한 근속 기간 후에나 주어진다는 것이다. 그래서 그녀들은 '내가 과연 승진할 수 있을까?' 하는 좌절을 맛본다고 말한다.

한편 K그룹에서 고등학교 졸업 후 11년간 일하면서 대리로 승진한 홍미자의 말에서, 여직원에게 승진이 가지는 의미는 남성과 다르다는 점 또한 알게 된다.

"입사 후 10년 만에 겨우 승진을 했는데, 사실 전 승진하고 난 후에 월급은 좀 오르긴 했지만, 제가 하는 업무는, 그러니까 남자 직원 뒷수발해주는 보조적인 업무라는 점에서 큰 차이가 없어요. 한마디로 관리자가 아니라, 그냥 같은 업무를 하는데 평직원에서 대리라는 직함을 주고 임금이 조금 더 오른 것뿐……. 그 외엔 큰 차이가 없어요."

홍미자의 말과 같은 맥락으로, L전자에서 5년째 일하고 있는 이연주는 이렇게 말한다.

"여직원의 경우 대리 승진은 그래도 좀 하는데, 과장까지 승진하는 경우는 정말 드물어요. 전 우리 회사에서 여자 과장을 한 번도 본 적이 없어요."

여직원이 중간관리자까지 승진하기 힘든 이유는 여러 가지 복합적인 요인이 작용한다. 우선 여직원이 대리로 승진하기 위해서 기다려야 하는 시간이 남직원에 비해서 길고, 또한 남성 중심 조직문화에서 인사고과를 남직원에 비해 잘 받기 힘들다는 점, 나아가 여직원이 결혼하고 출산할 경우 맞게 되는 경력 단절 등도 큰 이유가 될 수 있다.

## 결혼한 여자는 모두 유죄

28명의 인터뷰 참여자 중 열한 명이 기혼 여성이다. 하지만 인터뷰 내용을 분석하다 보니, 결혼한 여성에 대한 차별이 이들 기혼 여성에게만 해당하는 게 아님을 발견했다. 앞으로 결혼을 선택할 수도 있는 나머지 열일곱 명의 비혼 여성 역시 일터에서 벌어지는 기혼 여직원에 대한 암묵적인 차별에 긴장하고 있었다. 즉 머지않아 그것이 나에 대한 차별이 될 수도 있기에 남의 일이 아닌 현실로 받아들여지고 있는 것이다.

기혼 여직원들의 공통적인 차별 경험은 임신에서부터 시작된다. 국회에서 5년째 일하고 있는 박진주는 이렇게 말한다.

"내가 임신했을 때, 난 비서니까 사무실 방문하는 사람들한테 차를 대접해야 된다 말이죠. 근데 임신한 여자가, 한마디로 배부른 여자가 차 대접하는 걸 사람들이 참 불편해한다는 걸 느껴요."

한국인은 결혼한, 게다가 임신한 여비서를 왠지 껄끄럽게 생각하는 감정이 있다. 이러한 감정은 직접적인 임신 해고는 아니지만, 임신한 여성이 편하게 일하기 어려운 현실을 만든다. HS그룹에서 6년째 일하고 있는 조경미 역시 임신 기간 동안 일하기 어려웠던 경험을 말한다.

"임신 기간에도 난 야근을 안 할 수 없었고, 하물며 한 달에 한 번 정기검진 받으러 병원에 가야 하는데, 그것도 참 눈치가 보이더라고요. 병원이 문을 일찍 닫으니까 퇴근 전에 좀 일찍 나가야 하는데, 그런 상황에 대해서 전혀 배려가 없어요. 한마디로 내가 임신했다고 해서 '모성 보호 차원에서 날 배려해달라' 그런 말을 하기가 참 힘들어요."
-조경미

"우리 회사는 출산휴가 2개월이 내규에 정해져 있어요. 근데 난 출산휴가 기간에도 업무를 계속해야 했어요. 왜냐하면 내 일을 대신 해주는 사람이 없었으니까. 정말 기도 안 막히는 게, 애 낳고 2주 지나니까 회사에서 업무 관련 연락이 계속 오는 거예요. 어떡해요, 집에서 처리할 건 처리하고 나가서 처리해야 하는 건 한 달 좀 넘어서 나가서 일하고……. 출산휴가 두 달을 제대로 쉬지 못했죠. 내 자리 지키려면 그냥 불만 없이 다 해결해야 해요."-홍미자

K기업에서 11년 동안 근무한 홍미자에게는 당시 법적으로 90일간의 출산휴가를 사용할 권리가 분명히 있었다. 하지만 K기업은 출산한 직원에게 60일, 즉 2개월만 출산휴가를 허용했다. 사실 이것도 불법인데, 홍미자는 그것조차도 제대로 활용할 수 없었던 것이다. 자신의 업무를 대신할 직

원을 뽑지 않은 상태에서 출산휴가를 가는 건 한마디로 가시방석이었다고 한다. 한편 홍미자는 임신 기간에도 회식 참여를 강요하는 조직문화에 대해서도 이야기했다.

"사실 임신 기간 중에는 술도 못 먹고, 일이 끝나면 집에 가서 쉬고 싶지만, 회식엔 꼭 참석해야 했어요."

모성 보호의 법적 권리가 있는데도 그러지 못한 홍미자의 이야기를 들으면, 권리 행사를 제대로 하기 힘든 현실이 비혼이거나 혹은 결혼했어도 아직 아이가 없는 여성에게도 직접적인 차별 문제로 다가온다. 결혼했지만 아직 아이가 없는 이연주와 K기업에 근무하는 비혼 여성 주하진의 말을 통해서 그런 부담을 느낄 수 있다.

"난 원하지 않는데, 임신하면 회사 그만둬야 하는 거 아닌가 하는 생각을 할 때가 있어요. 아이 낳고 돌아오면 내 자리는 온전할까 하는 생각도 하게 되고요."-이연주

"내가 결혼해서 임신했다 하더라도 직접적으로 나보고 '회사 나가' 그렇게 이야기하지는 않을 거예요. 근데 임신한 여자가 동료로, 부하 직원으로 함께 있는 걸 남자들이 원하지 않는 것 같아요. 이 회사, 결혼한 여자한테 참 홀대하는 그런 문화예요."-주하진

아이를 가질 계획이 있는 이연주, 결혼을 앞둔 주하진에게 임신한 동료 여직원이 겪는 어려움은 '남의 일이 아닌, 곧 내게 닥칠 현실'이다. 즉 그녀들은 성차별적인 일터가 결혼한 여성, 특히 임신한 여성에게 더한 차별을 가하는 일터로 변화할 수 있음을 목도한다. 따라서 그런 일터에서 살아남기 위해서는 스스로 포기해야 할 권리가 참 많다는 것을 이미 너무 잘 알고 있었다.

결혼한 여성에 대한 두 번째 차별은 바로 언제 잘릴지 모르는 고용불안의 문제다. L기업의 고위 관리직 비서로 11년째 일하고 있는 비혼 여성 장부영은 이렇게 말한다.

> "난 결혼하게 되면 부서 이동을 하려고 해요. 왜냐하면 사람들은 결혼한 여성이 비서로 일하는 걸 탐탁지 않게 생각하더라고요. 내 선배로 있던 여비서는 결혼하고 다른 회사로 옮겼어요."

이러한 장부영의 말에서 우리 사회가 원하는 비서란 '젊고 예쁘고 결혼하지 않은 여성'이라는 그림이 그려진다. 여비서는 전형적으로 오피스 와이프, 직장의 꽃 역할을 해야 하기 때문에 임신한 여비서는 상상할 수 없다는 것이 우리 사회 대부분의 일터에서 바라는 비서 상임을 장부영은 인지하고 있었다. 결혼했다고 해고하는 건 불법이다. 그럼에도 결혼을 선택한 후 자신의 조직 내 지위를 위협받았던 경험을 한 인터뷰 참여자는 꽤 많았다. 대학을 졸업하고 HS기업에서 6년째 일하고 있는 조경미는 이렇게 말한다.

"내가 결혼 준비 중일 무렵 한 관리자가 나한테 '이제 후임자 구해야지' 그러는 거예요. 그래서 난 '왜 제가 그래야 하죠? 그런 이야기하시면 안 되죠. 우리 과장님도 아니시고 인사과에 근무하는 분도 아니시면서, 또 그런 이야기하시면 저 가만히 안 있을 겁니다' 그랬어요. 이 사건 이후에 아무도 나한테 결혼하고 어떻게 할 거냐는 질문은 안 했어요."

조경미는 결혼 후 퇴사 종용을 한 관리자에게 그런 요구는 불법이며 성차별이라는 점을 분명히 문제 제기한 덕분에 다행히 조직생활을 유지하고 있다. 조경미와 유사한 경험을 가진 지민애와 홍미자의 이야기를 들어보자.

"내가 입사한 지 얼마 안 돼서 우리 과장님한테 '저 결혼하려고 해요'라고 했더니, 과장님 왈, '왜 그렇게 일찍 결혼을 하려고 해?' 그러더라고요. 결혼 후에는 참 별건 아닌데, 회식 가고 그럴 때 나를 좀 소외시켜요. '결혼했음 술 마시면 안 되지?' 그러면서……. 일반적으로 결혼한 여자에 대해서 부정적이에요." -지민애

"내가 입사하고 얼마 안 있다 결혼하고 임신하고 그랬어요. 사람들은 다들 내가 결혼할 때 그만둘 줄 알았고, 또 임신하면 그만두겠지, 그렇게 생각했던 것 같아요. 근데 결혼도 일찍 했고 당시 나이도 어려서 사실 회사에 계속 다니고 싶었거든요. 그래서 임신했을 때 우리

과장님한테 '저 회사 계속 다닐 겁니다' 그랬죠. 지금 생각해보면 우리 과장님이 참 좋은 사람이어서 내가 계속 회사에 다닐 수 있었던 게 아닌가 하는 생각이 들어요." -홍미자

홍미자는 자기가 회사에서 쫓겨나지 않고 계속 다닐 수 있었던 이유를 인심 좋은 과장 덕분이라고 생각한다. 그래서 아마도 앞서 말했던 것처럼 2개월의 출산휴가도 제대로 쉬지 못하고, 출산하고 2주 후부터 재택근무로 업무를 보거나 휴가 기간 중에도 종종 사무실에 출근하는 등의 봉사를 했던 모양이다. 그렇게라도 하지 않으면 언제든 사무실에 있는 그녀의 책상이 치워져버릴 수도 있다는 위협을 느꼈기 때문에 어쩔 수 없이 출산휴가도 반납한 것이 아닐까? 그래도 지민애와 홍미자는 우여곡절이 있었지만 결국은 조직에서 살아남았다.

하지만 결혼으로 인해 퇴직을 경험한 인터뷰 참여자도 있었다. 특히 같은 회사에 부부가 근무하는 경우 아내의 퇴사는 관행처럼 퍼져 있다. H보험에서 일하는 이미순(32세)과 S기업 정규직에서 IMF 금융위기 이후 L기업 계약직으로 옮긴 박현정은 이렇게 말한다.

"난 같은 회사 동료랑 결혼을 했는데, 회사에서 나보고 퇴사할 의향이 없는지 물어보더라고요. 남편한테는 안 물어보고." -이미순

"남편이 직장 동료였는데, IMF 구조조정이 시작되면서 부부가 한 회사에 다니는 사람들 먼저 명예퇴직을 종용했어요. 어떡해요, 연봉이

적은 내가 퇴사했죠. 남편 월급이 더 많으니까. 내가 그만두는 게 낫겠다 싶었죠. 당시 그렇게 퇴사한 여직원들이 꽤 많아요." -박현정

박현정은 기업의 독특한 조직문화를 이야기할 때는 S기업이 여성이 일하기 좋은, 그래서 평등한 조직이라고 평가했다. 하지만 그녀는 여성이 일하기 그래도 괜찮은 기업으로부터 명예퇴직을 당했다. 단지 같은 직장에 부부가 다닌다는 이유만으로. 이와 같이 다양한 방식과 내용이지만 결혼 혹은 임신을 이유로 여성은 그녀들의 일터에서 지위를 위협받고 있으며, 그로 인해 내몰리듯 일터를 떠나야 하는 경험을 하기도 한다.

여성의 결혼이 조직 내에서 불편함으로 여겨지는 마지막 이유는, 여성에게 더 큰 책임을 부과하는 양육 및 가사 노동과 관련이 있다. 아무리 남성의 동등한 참여를 외치고 이를 위한 제도가 마련된다 할지라도, 여전히 결혼한 여성은 양육과 가사 노동에서 자유로울 수 없는데, 이런 현실이 조직 내에서 차별로 연결된다. D서비스에서 일한 윤혜자는 다음과 같이 말한다.

"회식이 잡혀 있는데 정말 불가피하게 집에 일찍 가야 하는 경우가 있어요. 그런 상황에 대해서 상사들은 전혀 이해를 못하고……. 어쩔 수 없이 회식을 못 가는 이유에 대한 이해 그런 건 없고, 그냥 회식에서 빠지는 걸 아주 싫어해요."

윤혜자의 말처럼 결혼한 여성이 퇴근 후 회식에 참여하기란 간단치가

않다. 가정이 그녀들에게 요구하는 양육과 가사 노동 전담자로서의 역할을 제치고, 일과 후에 진행되는 1~3차에 걸친 회식에 참여하는 것이 용이하지 않은 것이다. 특히 가사노동은 미룰 수 있는 노동이지만, 양육과 관련한 일은 미루기가 힘들다. 예를 들어 어린이집에 맡겨둔 아이를 데리러 가는 시간은 보통 저녁 7시다. 종종 야간 보육을 책임져주는 어린이집도 있긴 하지만 대체로 그렇다.

남편이 아내 대신 아이를 데리러 간다면, 그리고 이러한 남편의 육아 참여를 적극적으로 지원하는 조직문화가 보편적이라면 아마도 결혼한 여성이 회식에 참여하는 일은 지금보다 훨씬 용이해질 것이다. 하지만 현실 속 남편은 대체로 자신의 회식은 업무 연장이라고 생각하지만 아내의 회식에는 관대하지 않거나 비협조적이다. 여전히 여성에게 더 과하게 부담되는 양육과 가사 노동은 여성이 조직 내 업무에 집중하기 힘들게 만드는 원인이 된다.

한편 회식은 일과 후에 음주를 겸해서 진행되어야 한다는 조직문화 역시 남성 중심적으로 진행되기 때문에 이런 현실은 여성에게 추가되는 초과 노동으로 인식되는 경우가 많다. 이와 관련해서는 뒤에서 자세히 살펴보기로 하자.

28명의 인터뷰 참여자들의 경험을 토대로 한국의 조직이 어떻게, 왜 성차별적인지를 살펴보았다. 그리하여 한국의 조직문화가 얼마나 남성 중심적인 위계문화와 제도로 운영되고 있는지, 그러한 성차별적인 조직문화에서 살아남기 위해 여성이 어떤 차별을 감수하면서 버티고 있는지를 알게 되었다. 다음 장에서는 조직이 여성에게 요구하는 몸과 외모에 대한 이야기를 나누면서 조직 내 성차별 문제가 어떻게 성적 위계구조 및 정치학 문제와 연결되는지를 알아보기로 한다.

# 뚱뚱해서 죄송합니까?
## 조직이 선호하는 여직원의 몸과 외모

1995년 8월 개정된 남녀고용평등법에 "사업주는 여성 근로자를 모집·채용함에 있어서 모집·채용하고자 하는 직무의 수행에 필요로 하지 아니하는 용모·키·체중 등의 신체적 조건, 미혼 조건, 그 밖에 노동부령이 정하는 조건을 제시하거나 요구하여서는 아니 된다"(제7조 제2항)라는 법 조항이 명시된 지 어언 20년이 흘렀다. 1995년 이전에는 당연히 여직원 채용시 신체 조건을 채용 공고에 내기도 하고, 입사지원 서류에 신체 조건을 쓰는 칸이 있었다는 이야기다.

그렇다면 2014년 현재 채용 시 외모 차별은 없어졌을까? 그랬으면 좋으련만 그렇지 못하다. 2013년 11월 한국여성민우회가 펴낸《뚱뚱해서 죄송합니까?》라는 책을 통해 여직원 채용 과정에서는 말할 것도 없고, 가족에게조차 외모 가꾸기에 대한 압력을 받고 있는 여성이 있다는 심각한 실태를 접하게 되었다. 무엇이든 상품화해 돈벌이로 활용하는 자본주의 소비문화는 날로 극심해지면서 끊임없이 상업화된 외모 지상주의를 조장하며, 과거에 비해 사태의 심각성이 더하면 더했지 결코 덜하지 않은 실정이다.

내가 만난 인터뷰 참여자의 외모 차별 경험은 채용 과정에서뿐만 아니라 그 이후 일터에서도 마찬가지인데, 여성이 몸과 외모를 둘러싸고 어떤 차별을 경험하는지 잘 보여주며, 이러한 차별이 성희롱의 구체적인 피해 사례와 어떤 연결고리를 갖고 있는지도 알 수 있게 해준다.


**여성의 외모가 채용의 절대 기준!**

28명의 인터뷰 참여자 중에서 채용 당시 신체 조건이 중요한 기준이었던 경험을 한 사례는 비서직으로 일했던 이들이었다. H기업의 임원 비서로 11년 동안 일했던 장부영은 채용 시 비서의 외모가 중요한 평가 기준이 됨과 아울러 입사 후에도 비서직을 유지하기 위해서는 외모 관리를 소홀히 할 수 없었다고 말했다.

> "비서 채용할 때 외모는 아주 중요해요. 채용 시 외모가 차지하는 비중은 60퍼센트 가까이 될 것 같아요. 소수의 정말 합리적인 상사들은 외모보다 업무 능력을 더 많이 보기도 하죠. 근데 대부분의 임원들은 귀엽고 몸매 좋은 비서를 원해요. 왜냐하면 그들의 생각에 여비서는 여전히 직장의 꽃이니까요."

1995년에 남녀고용평등법이 개정된 이래로 채용 시 신체 조건을 평가의 기준으로 삼는 것은 분명히 금지 사항이지만, 20년이 흐른 지금도 여성 종사자의 비율이 높은 판매·서비스직에서는 채용 시 외모가 여전히 중요한 평가 기준이다. 특히 항공사 승무원의 외모에 대한 기준은 최근 더 심해졌다는 점을 다음의 인터뷰 내용을 통해서 알 수 있다.

> "베스트 슬리머 상이라고, 지금 몇 킬로그램인데 앞으로 몇 킬로그램을 더 빼면 상을 주는 제도가 공식적으로 시행되고 있어요. 얼마 전에는 승무원 다섯 명 정도에게 살이 많이 쪘다고 휴직해서 살 빼고 나오라고도 했어요. 한 명은 승무원직에서 일반직으로 아예 전직을 시켰어요. 결국 한 후배는 회사를 그만두더라고요. 너무 자존심 상해서." -미니멜(39세, 항공사 승무원)[42]

외국 항공사의 여성 승무원은 나이도 많고 체격도 좋고 그다지 예쁘지 않은 사람이 대부분이다. 사실 승무원은 승객의 안전한 비행을 돕는 사람이기에 외모는 직무와 무관하다. 하지만 한국 항공사 승무원의 채용 기준은 외모가 가장 큰 비중을 차지하며, 채용 이후에도 승무원 자리를 유지하기 위해서는 끊임없이 외모 관리에 신경을 써야 한다. 한국의 조직문화가 원하는 여성의 외모와 신체 기준은 단지 항공사 승무원에게만 국한되지 않는다. 판매·서비스업계 또한 고객을 응대해야 한다는 명목하에 여직원을 채용할 때는 여성의 얼굴과 몸매를 강조한다. 이러한 외모 지상주의는 여성뿐 아니라 메트로섹슈얼, 즉 얼굴은 '꽃미남'이고 몸은 남성성 넘치는 근육질로 이미지화하는 방식으로 남성에게까지 확장되었다.

국제미용성형수술협회ISAPS의 2011년 발표에 따르면, 한국의 성형시장 규모는 세계 시장의 4분의 1에 해당하는 45억 달러였으며, 한국의 인구 대비 성형수술 건수는 세계 1위였다. 이는 도시에 사는 19~49세의 여성 다섯 명 가운데 한 명은 성형수술을 받은 적이 있다는 얘기다.[43] 요즘 젊은 남자들은 공공연하게 여자친구에게 "못생긴 건 용서할 수 있으나 뚱뚱한 건 용서가 안 돼"라고 말한다고 한다. 생긴 거야 타고난 거지만 몸매관리는 노력을 통해 충분히 가꿀 수 있는데, 그런 노력을 하지 않는 건 게으른 것이고 자기를 관리하지 않는 것이니 일종의 '죄'라는 것이다. 이렇듯 외모 지상주의가 여성의 외모를 강조하는 직종의 채용 기준에서부터 일을 수행하는 일상에서도 끊임없이 강제되고 있는데, 이는 엄연한 성차별이라는 점을 기억해야 한다.


## 유니폼, 하위직이자 여성임을 표시하는 기호

한국의 조직이 하위 직급 여직원에게 유니폼 입기를 권장하는 제도는 상당히 독특하다. 특히 유니폼 제도는 조직이 체계적으로 여직원의 몸매를 관리하기 위한 공식적인 제도의 일례라고 할 수 있다. 이와 관련해서 영국의 여성학자 리사 애드킨스Lisa Adkins는 다음과 같은 의견을 제시한다.

"일터에서 여성에게 어떤 외모를 가지고, 어떤 옷을 입고, 어떻게 행동해야 한다고 규제하는 것은 여성을 성적인 대상으로 취급하는 것과 다름없다. 즉 그들은 여성을 성애화된 배우로 취급하는 것이다. (……) 여성에게 유니폼 입기를 요구하는 것은 고객 혹은 동료들에게 성적 주목을 끌기 위해 여성을 대상화하는 것이다."[44]

애드킨스의 생각과 같이 일터에서 여직원에게 유니폼 착용을 요구하는 것은 여직원을 낮은 직급으로 구분하는 성차별임과 동시에 여직원을 성적 대상으로 취급하는 것과 밀접하게 관련되어 있음을 인터뷰 참여자들의 경험에서도 알 수 있다. L기업에서 고등학교 졸업 후 5년째 근무하고 있는 곽정미는 유니폼에 대한 자신의 생각과 불만을 이렇게 말한다.

> "고졸 여직원 하위직인 우리만 유니폼을 입어요. 제가 대리 승진하면 유니폼 안 입어도 돼요."

곽정미의 말처럼, 유니폼은 조직에서 하위직이자 여성임을 표시하는 언어라고 할 수 있다. 대학을 졸업하고 5년째 L기업에서 일하는 이연주 역시 비슷한 생각을 한다.

> "나는 정말 유니폼 입는 거 싫어요. 내가 이 회사에 입사했을 때 원치 않아도 유니폼은 입어야 했어요. 유니폼을 여직원한테만 입으라는 건 여직원이 함께 일하는 동료나 노동자가 아니라 여성이라고 생각하는 거죠. 그러니까 회의에서 내가 무슨 의견을 말하면 그건 같은 동료의 말이 아니라 여자가 하는 말로 받아들이게 된다고 생각해요."

유니폼이 가지는 성차별적인 의미와 함께 유니폼에 대해 부정적인 생각을 하는 이유는 유니폼이 일하기에 편한 실용적인 작업복이 아니라, 여성의 몸을 강조하는 타이트한 짧은 스커트에 몸매가 드러나는 재킷이나 블라우스로 된 불편한 옷이라는 점 때문이다. 고등학교 졸업 후 L기업에서 5년째 비서로 일하고 있는 김민희(24세)는 이렇게 말한다.

> "우리는 유니폼을 꼭 입어야 해요. 우리 부장님은 말하기를 '여직원은 단정하고 여성스러워야 해. 그러니까 유니폼 입는 게 예쁘지' 그러세요."

H보험에서 7년간 일한 박유진, K기업에서 11년째 일하고 있는 홍미자 역시 유니폼이 얼마나 불편한 옷인지 말한다.

> "여직원만 유니폼을 입어요. 너무 불편하고 정말 안 입고 싶은데, 사장님한테 '유니폼 입기 싫어요' 그런 말 하기는 힘들어요. 너무 불편한데⋯⋯." -박유진

> "우리 회사 유니폼은 정말 일하면서 입기에 불편한 옷이에요. 너무 타이트해요. 유니폼을 입는다는 것은 급이 아주 낮은 여직원이라는 걸 의미해요. 대졸 여직원은 유니폼 안 입어요. 근데 나 같은 고졸 여직원은 입어야 하죠. 그래서 갈등이 좀 있어요." -홍미자

L기업은 학력과 무관하게 평사원인 여직원은 모두 유니폼을 입어야 한다. 하지만 K기업은 고졸 여직원만 유니폼을 입는다. 따라서 유니폼 입

기는 성차별에 더해 학력 차별과도 관련이 있다. 홍미자의 말처럼 유니폼으로 인해 고졸과 대졸 여직원 사이에 일종의 위화감이 형성되기도 한다. 이렇듯 유니폼 착용을 둘러싼 기업 간의 차이는 각 기업의 기업문화를 말해주는 것이기도 하면서, 유니폼이 입는 당사자를 위한 것이기보다는 그 여직원을 보는 사람들을 위한 것임을 알 수 있다. 여직원에 대한 고정관념, 즉 '단정하고 예쁜 직장의 꽃'이라는 역할을 수행해야 할 때 여성스러운 유니폼은 더 강조된다.

한편 유니폼을 입던 여직원이 관리자로 승진해서 지위가 상승하면 유니폼을 벗게 되는데, 이것은 참정권이 없던 열등한 시민에서 참정권이 있는 일반 시민이 되는, 미국을 비롯한 서구 유럽의 과거 여성 참정권을 얻기 위한 투쟁과 오버랩 된다. 유니폼 착용을 하위직 여성에게만 요구하는 것은 여성에 대한 눈에 보이는 차별이며, 동시에 여성을 디스플레이의 대상으로, 여성의 몸을 성적으로 대상화하는 문화에서 비롯되었기에 여성은 유니폼 벗기를 간절히 원하는 것이다.


**여성의 몸에 대한 위험한 농담**

여전히 만연한 외모 지상주의, 특히 여성에게 더 과하게 요구되는 신체적 조건은 실제 조직생활에서 성희롱을 유발하는 주요 원인이 된다. 외모와 관련한 성희롱 경험에 대해서 L기업에 근무하는 김민희는 다음과 같이 말한다.

"종종 내가 출근할 때 좀 신경 쓰고 옷을 입고 오면 남자 직원들이 '와우' 그러면서 감탄사를 연발해요. 그럼 뭐 그때는 기분이 괜찮아요. 근데 그러고 난 뒤에 옷을 만지는 척하면서 내 몸을 슬쩍 터치하면 정말 기분 나빠요."

김민희는 외모에 대한 남자 동료들의 관심이 육체적 성희롱(터치)의 피해와 어떻게 연관되는지를 말해준다. 고등학교 졸업 후 G증권에서 12년째 일하고 있는 송은순(32세) 역시 마찬가지다.

"어느 날 내가 염색도 하고 헤어스타일도 바꾸고 메이크업도 좀 다르게 하고 출근을 했어요. 근데 우리 과장이 화를 버럭 내면서 '화장 지워. 그리고 염색도 없애' 그러는 거예요. 그땐 정말 너무 화가 났어요." - 김민희

"언젠가 남자 직원이 내 헤어스타일, 옷 입은 모습 등등에 대해서 대놓고 코멘트를 하는데 정말 화가 나더라고요." - 송은순

김민희와 송은순의 경험에서, 그녀들의 자유로운 의사로 선택할 수 있는 외모 꾸미기에 대한 권리까지도 침해하는 것이 우리의 일터임을 알 수 있다. 즉 회사에서는 튀지 않으면서 다소곳하고 얌전하게 그리고 여성스러운 외모를 기대하는데, 그런 기대치와 다른 새로운 혹은 생소한 모습을 하면 바로 제재가 들어오는 것이다. 그러나 외모에 대한 부적절한 코멘

트는 성희롱이 된다는 사실을 알아야 한다. C금융에서 일하는 지민애 역시 상사에 의해 자신의 외모를 규제당한 경험이 있다.

"제가 긴 치마를 입고 출근하면 우리 부장님 왈, '좀 짧은 치마 좀 입지?' 그래요."

한편 보험회사 설계사로 K생명에서 일하는 민영희(31세)는 고객으로부터 외모에 대한 성희롱을 당한 경험이 있다.

"'코 굉장히 높네요. 혹시 성형수술 하셨나요?' 그러는데 정말 기도 안 막히더라고요. 아니, 왜 내 얼굴에 대해서 지적을 하는지……. 참나, 고객이니 뭐라고 할 수도 없고, 그냥 '아니에요' 하고 넘어갔지만, 내가 보험 하나 팔아먹으려니 별일을 다 당하는구나, 그런 생각이 들었어요."

특히 민영희의 경우처럼 고객이 성희롱을 할 때는 함께 일하는 동료나 상사가 뭐라고 이야기하는 것보다 대응하기가 힘들고, 을의 입장이니 그런 불쾌함을 감내하는 수밖에 다른 방법이 없다고 말한다. L기업에 다니는 곽정미는 남자 직원들 사이에서 여직원의 외모가 가십거리가 되고, 그런 말을 듣게 되면 모멸감이 느껴진다고 말한다.

"남자 직원들하고 일 끝나고 한잔할 때, 남자 직원들에겐 꼭 여직원의 외모가 일종의 안줏거리예요. '아니, ○○○ 씨는 옷을 왜 그렇게 입어?' '○○○ 씨는 외모가 꼭 어디 나가는 여자 같다니까!' 그런 말을 서슴지 않고 해요. 그리고 몸매가 좋고 화장을 좀 화려하게 한 여직원이 걸어가면 남자 직원들이 아래위로 훑고……."

곽정미의 동료 남자 직원들은 아무런 거리낌 없이 일상적으로 여직원의 외모를 놓고 언어적·시각적으로 성희롱을 했고, 옆에서 그런 말을 듣는 곽정미는 자신에 대한 직접적인 성희롱이 아니어도 불쾌감을 느꼈다. '내가 없는 자리에서는 나에 대해서도 저렇게 성희롱을 일삼겠구나' 하는 짐작에 더 불쾌감을 느꼈을지도 모른다.

한편 K기업에서 대졸 여직원으로 4년째 일하고 있는 주하진은 다음과 같이 자신의 성희롱 경험을 밝힌다.

"3년 전에 남자 직원이 내 가슴에 대해서 평가한 적이 있어요. 정말 기분 나쁘더라고요. 사실 우리 회사는 남자 직원이 대다수이기 때문에 술자리에서 야한 농담들 하고 그러죠. 전 그냥 같이 즐기고, 그게 성희롱이다 그러면서도 기분이 많이 나쁘진 않거든요. 근데 내 몸에 대해서 직접 이러고저러고 하니까 정말 불쾌하더라고요. 그래서 휙 나가버렸어요."

곽정미와 달리 주하진은 성적인 농담이나 남에 대한 뒷공론 정도는 그럭저럭 넘길 수 있지만, 자기 신체에 대한 직접적인 성희롱은 참을 수 없다고 말한다. 이렇게 사람마다 성희롱이라고 느끼는 불쾌감의 수위는 다를 수 있다. 곽정미처럼 자신에게 가해지는 직접적인 언급이 아니라도 성희롱의 불쾌감을 느끼는 사람이 있는가 하면, 주하진처럼 자신에 대한 직접적인 침해만을 성희롱으로 생각하는 사람도 있다. 따라서 성희롱은 피해자의 주관에 따라 불쾌감을 느낀다면 성희롱으로 분류하는 것이 보편적이다. 즉 같은 언어와 행위에도 피해자의 경험이나 의식, 생각에 따라 성희롱으로 정의될 수도, 아닐 수도 있다는 것이다.

용모 단정한 여성만 뽑고자 하는 회사, 바늘구멍만큼이나 좁은 문을 애써 통과해 들어간 직장에서 버티기 위해서는 젊고 예쁜 몸매를 지속적으로 관리해야 한다. 그곳이 바로 우리가 밥벌이를 하는 일터다. 이곳에서 여성은 몸과 외모에 대한 언급, 터치, 외모 관리를 요구받는 인권 침해적인 성희롱을 경험하면서 '아, 나는 2등 시민이구나'를 실감한다.

그런데 이제 외모 지상주의는 여성의 몸과 섹슈얼리티에 대한 관리와 통제를 넘어 남성의 몸과 섹슈얼리티도 통제하고 관리하기 시작했다. 지금 우리의 일터는 젠더에 의한 권력관계와 더불어 섹슈얼리티 정치학의 문제도 지니고 있다. 즉 자본주의의 권력 구조 안에서 지위가 낮은 사람의 섹슈얼리티는 지위가 높고 권력을 많이 가진 사람이 원하는 섹슈얼리티로 어필해야 한다. 그래서 우리는 낮은 지위에 있는 여성의 몸과 섹슈얼리티가 활용되고 관리되고 대상화되는 폭력적인 일터, 사회에 살고 있으며, 이러한 현실이 지위가 낮은 남성에게까지 퍼져나가는 위험한 시대가 우리 앞에 놓여 있다.

# 일터에서 벌어지는 성적인 놀이문화
## 덫을 감춘 그들만의 리그

한국에서 일반 성인의 가장 대표적인 놀이문화는 음주와 가무다. 기분 좋은 일이 있어도, 나쁜 일이 있어도 일단 술 한잔으로 해결한다. 특히 남성이 그렇다. 따라서 남성이 양적·질적으로 중심인 조직의 놀이문화 역시 음주 및 가무와 연결되어 있고, 이것은 음주와 가무에 그치지 않고 여성의 성을 상품화하고 대상화하는 성접대와도 깊이 관련된다.

2014년 1월 한국의 이런 문화를 비판하고 꼬집는 《남자가 남자에게》라는 책[45]이 출간되었다. 이 책의 저자인 이진수는 경기도 문화체육관광국장으로 재직 중인 공무원이다. 그는 이 책에서 자신이 몸담은 공직사회를 비롯한 한국 사회 전체가 얼마나 술 권하는 사회인지를 남성의 눈으로 그리고 있으며, 술을 중심으로 한 남성만의 리그 또는 네트워크의 문제점을 제기한다. 그의 직분에 맞게 회식문화가 술이나 유흥이 아닌 문화예술을 즐기는 방향으로 변화되어야 한다는 것이 주요 요지다. 그러나 과연 이러한 문제 제기가 얼마나 오늘날 우리 일터의 삶에 큰 반향을 일으킬 수 있을지, 변화의 원동력이 될 수 있을지는 모르겠다. 공무원인 남성이 한국의 술 중심 놀이문화를 전면적으로 비판하고 나섰다는 점은 고무적이긴 하나, 그의 논지는 술 마셔야 출세할 수 있는 남자가 너무 힘들다고 토로하는 것에 그친다. 마시기 싫은 술을 억지로 마셔야 하고 종종 성희롱까지 감수해야 하는 여성에게 그런 자리가 얼마나 지옥인지에 대해서는 언급하지 않는다.

술 중심 놀이문화가 조직에서는 업무의 연장이라는 미명하에 회식으로 연결되며, 회식 장소 자체가 성희롱이 공공연하게 발생하는 폭력의 장소라는 점이 어쩌면 문제의 핵심일 것이다. 또한 음주 중심의 네트워크 형성이 일반화된 한국의 조직은 접대라는 명목하에 집단적이고 조직적인 성매매를 조장하기도 한다. 과연 우리의 일터에서 벌어지는 성적인 놀이문화에서 28명의 인터뷰 참여자는 어떤 지옥을 경험했는지, 찬찬히 살펴보기로 하자.


## 회식 자리엔 특별한 것이 있다

언젠가 TV에서 〈직장의 신〉이라는 일본 만화 원작의 드라마가 방영된 적이 있다. 주인공 미스 김은 회식 참석에 대한 수당을 요구한다. 왜냐하면 6개월 계약직인 미스 김은 업무의 연장인 회식 자리에까지 참석할 필요가 없기 때문이다. 초과 수당을 받고 회식에 참석한 미스 김은 아무런 감정이 없는 인형처럼 탬버린을 자유자재로 흔들어댄다. 이는 초과 수당에 대한 업무 수행일 뿐이다. 다소 희화된 장면이지만, 원치 않는 회식에 참석한 여직원이라면 그 장면을 보면서 씁쓸한 미소를 짓지 않았을까? 한마디로 웃기고도 슬픈 장면이며, 각자 자신의 직장생활이 오버랩 됐을 것이다. 회식의 의무감에 대해 H기업에서 6년간 일했던 유현재는 이렇게 말한다.

"전 사실 동료들끼리 가끔 술 마시는 거 나쁘지 않아요. 긴장도 풀리고 좋고. 근데 회식은 가기 싫은데, 일종의 의무감이죠."

한편 L기업에서 5년 동안 일한 이연주는 신입사원 시절 강요된 술자리에 참석했던 기억을 떠올리며 이렇게 말한다.

"제가 처음 입사했을 때 신입 신고식 하던 날, 무조건 엄청나게 술을 마시게 했어요. 어떡해요! 몸이 안 받아도 마셨지. 윗분들이 막 칭찬했어요. 술 잘 마신다고. 근데 제 기분은 정말……. '저들이 나를 조롱하는구나' 그런 생각이 들었어요."

이연주는 신입 신고식이 직장생활 중에서 가장 강제적인 회식 중 하나였다고 기억한다. 아마도 직장 상사들이 강권하는 술을 억지로 마셔야 하는 것 때문이었을 것이다. 이러한 신입 신고식 문화는 직장뿐 아니라 대학 신입생 오리엔테이션에서도 비슷하게 펼쳐진다. 지나치게 음주를 강권하고, 이에 따른 부작용을 종종 언론을 통해 접한다. 이연주와 같은 L기업에 다니는 곽정미 역시 강제된 음주문화에 대해 이렇게 꼬집는다.

"저녁식사가 끝나면 보통 술을 마셔요. 우리 팀 여직원 셋은 모두 술 마시는 거 별로 안 좋아해요. 그래도 상사들이 술 마시기를 강요해요. '왜 술 안 마셔? 분위기 좋게 한잔들 하지?' 하면서요."

유현재, 이연주, 곽정미 모두 '원치 않는 술 마시기를 강요하는' 분위기가 정말 싫었지만, 의무감에 그리고 팀의 좋은 분위기를 유지하기 위해 강제로 술을 마셔야 했다고 말한다. 우리의 일터가 이렇게 먹고 마시는 것마저 강요하는 분위기라고 할 때, 과연 음주문화에 근거한 다른 놀이는 어떻게 펼쳐질지 그다지 큰 상상력을 동원하지 않아도 대충 짐작이 된다.

일터마다 그리고 각 일터 관리자의 특성에 따라 다소 차이는 있겠지만, 내가 만난 28명의 인터뷰 참여자는 부서의 공식 회식은 한 달에 한 번 치러야 하는 일종의 행사로 인지했다. D서비스에서 5년 경력, 고등학교 졸업 후 조직생활 경험이 20여 년인 윤혜자와, 유일한 여성 오너 기업인 HS를 4년 동안 다닌 정순주(26세)는 회식에 대한 경험을 다음과 같이 말한다.

"회식을 야유회로 대체한 적이 있어요. 근데 야유회 시작부터 끝까지 술 마시기가 전부예요. 때때로 노래 부르고 게임도 하긴 하지만, 거기에 음주는 늘 함께하는 거죠." -윤혜자

"술 마시는 문화는 일종의 과시예요. 상사들과 술을 마실 때 몇몇 남자 직원들은 한마디로 충성을 맹세하죠. 큰 잔에 술을 가득 부어 호

기롭게 원 샷 하면 충성을 다하는 것으로 상사들이 생각해요."

-정순주


윤혜자의 경험을 보면, 회식 자리를 일터 근처의 술집이 아니라 야외로 옮긴다 하더라도 음주·가무 중심의 놀이문화에서 벗어나지 못함을 알수 있다. 한편 정순주는 회식에서 술 마시기는 단순히 즐기기 위한 것만은 아니라고 말한다. 즉 회식은 남자들끼리 충성을 서약하는 위계적이고 권위적인 자리이고, 그런 요상한 놀이에서 여직원은 주체이기보다는 들러리일 뿐이라는 것이다. 여직원에게 회식은 그저 마시기 힘든 술을 참고 마시면서 남자들의 네트워킹에 들러리로 구색을 맞춰주는 자리일 뿐이다.

《남자가 남자에게》의 저자 이진수는 술을 마셔야 출세할 수 있는 남성이 불쌍하니 그들을 구원해야 한다고 주장했다. 맞는 말이다. 그렇다면 출세와는 아무 상관도 없이 자리를 지키며 술 시중을 들어야 하는 여성은 왜 그 자리를 박차고 일어나지 못하는 것일까? 옛날과는 달라진 듯하지만 여전히 회식 자리에서 여성은 상사의 술 시중을 들어야만 한다. H기업에서 11년 동안 일한 장부영은 입사 초기 그녀가 회식 자리에서 술 시중을 강요받았던 경험을 이렇게 말한다.

"내가 스무 살, 갓 입사했을 때 회식 자리에 가면 상사들이 당연히 남자 옆에 앉아야 한다고 했어요. 근데 지금은 그렇게 강요 못하죠. 내가 연차가 있으니까."

한편 HS기업에서 4년째 일하고 있는 손지혜 역시 장부영과 비슷한 경험을 말한다.

"우리 부서에 여직원이 두 명 있어요. 우리가 회식에 가서 우리끼리 나란히 앉아 있으면 우리 과장님 왈, '왜 둘이 붙어 앉아 있어? 비워 둔 자리에 앉아야지' 합니다. 부장님, 상무님 옆자리를 딱 비워뒀어요. 그건 우리보고 거기 앉아서 술 시중하라는 거죠. 그런 상황에선 참 거절하기 힘들어요. 그냥 앉아요."

공식적인 회식 자리에서 못 마시는 술을 억지로 마시는 것도 고역인데, 술 접대부 역할까지 해야 하는 상황이라니! 정말 하고 싶지 않은 일이 되풀이되는 행사가 회식이다. 그럼에도 여직원은 그저 술잔을 받고, 옆에 앉아 상사를 위해 고기 굽기를 마다할 수 없다.

이런 강요된 놀이문화를 그녀들이 거부하기 힘든 이유는, 여직원은 일터에서 소수자이며 가장 약자이기 때문이다. 그 자리를 박차고 나간다면 조직생활 부적응자로 낙인찍힐 뿐 아니라, 안 그래도 간당간당 겨우 붙어 있는 일터에서의 지위를 더 위태롭게 만드는 결과를 낳을 뿐이다. 일터에서 생존하기 위해서 여성은 이런 모욕과 차별을 언제까지 감수해야 하는 것일까?

## 회식의 3차 코스 룸살롱, 거기선 무슨 일이?

회식의 3차 장소이기도 하고 업무상 접대를 위해서는 꼭 가야 하는 곳으로 알려진 룸살롱 혹은 비즈니스 클럽으로 지칭되는 곳. 우리가 일반적으로 알고 있는 룸살롱은 보통 남자들끼리 가는 곳이며, 술 시중드는 여성이 고객인 남성이 원하면 어떤 서비스든 제공하는, 아주 술값이 비싼 곳이다. 그래서 여직원이 룸살롱에 갈 일은 없다고 생각할 수도 있다. 하지만 내가 만난 28명의 인터뷰 참여자 중 몇몇은 룸살롱에 가본 경험이 있었다. 그녀들은 룸살롱에 함께 갔던 남성 동료를 통해서 룸살롱에서의 접대 및 놀이 문화가 어떻게 여직원의 삶과 연결되는지를 알게 된다.

L기업에서 5년 동안 일한 곽정미, K기업에서 4년째 일하고 있는 주하진은 룸살롱에 간 경험을 다음과 같이 말한다.

"난 남자들이 룸살롱에서 호스티스들과 어떻게 놀고, 어떻게 만지는지 알아요. 내가 언젠가 독실한 기독교 신자인 상사한테 '교회 다니는 사람들도 룸살롱 가면 그렇게 놀아요?' 하고 물었더니, 보통 사회 활동 하는 남자면 룸살롱 문화를 다 받아들이고 놀이로 생각한대요."
-곽정미

"일 때문에 난 남자들하고 종종 룸살롱에 가요. 남자들이 룸살롱에서 하는 걸 보면서 '아, 한국 남자들은 결혼을 해도 성적 자유를 맘껏 즐기는구나'를 느껴요. 내 앞에서 호스티스들하고 너무 자연스럽게 놀고, 바람피우는 거 당연하게 말하고." -주하진

곽정미와 주하진은 룸살롱에서 남자 동료나 상사들이 하는 행위를 보면서, 한국 남성이 부부간의 성적 배타성 규범과 관계없이 자유로운 성생활을 만끽하며 살고 있음을 확인한다. 그런데 회식 자리보다 더 적나라하게 여성을 성적 대상으로 취급하는 룸살롱에 동석하는 관찰자 여직원은 과연 어떤 생각으로 그 자리에 머무는 것일까? 억지로 술 마시고 술 시중드는 회식 자리보다 더 힘든 경험은 아닐까? 외국계 기업에서 일하는 채수원 그리고 K기업에서 3년째 일하고 있는 윤수희는 룸살롱에 가본 경험을 이렇게 말한다.

"나한테는 정말 쇼크였어요. 나랑 같이 일하는 남자 동료들과 상사가 내 앞에서 호스티스들하고 거의 성행위에 가까운 행동을 하는 것을 봤어요. 그런 일이 있고 난 후 난 다시는 거기에 안 가요." -채수원

"내가 신입사원일 때 룸살롱에 간 적이 있어요. 호스티스들이 남자 상사와 동료들 술 시중드는 거 봤을 땐 별로 놀라지 않았어요. 그 상황을 좀 흥미롭게 지켜봤어요. 그 일이 있고 난 후에 내가 우리 상사한테 물어봤어요. '부장님, 제가 그 자리에 없었으면 호스티스들하고 뭐하면서 어떻게 노세요?' 부장님 왈, '윤수희 씨가 있어서 우리 정말 많이 자제했지. 없었으면 정말 재밌게 맘껏 놀았을 텐데……' 그러더라고요. 그 이후로는 절대 룸살롱 같이 안 가요." -윤수희

채수원과 윤수희의 룸살롱 방문 경험은 달랐다. 채수원은 남자들의

적나라한 행위에 놀란 반면 윤수희는 적나라한 장면을 목격하진 못했다. 하지만 둘 모두 다시는 그곳에 가지 않았다. 왜냐하면 채수원은 자신 역시 룸살롱 여성 접대부가 된 것처럼 불쾌했고, 그 자리에서 그녀는 투명인간이나 마찬가지였기 때문이다. 윤수희와 함께 간 직장 동료와 상사는 윤수희를 의식해서 제대로 놀 수 없었음을 내비치면서 더 이상 그녀를 데리고 룸살롱을 가지 않았다. 윤수희는 룸살롱에서 투명인간은 아니었지만, 함께 놀고 즐길 수 없는 장애물이자 들러리일 뿐이었다.

남성이 함께 일하는 동료 여성과 함께 룸살롱에 가는 심리는 과연 무엇일까? 그리고 룸살롱에서 여성 접대부를 대하는 태도와 행위는 과연 그 공간에서만 일어나는 것일까? 회식 자리에서 어린 여직원에게 남자 상사 술 시중을 들게 하는 문화와, 회식의 마지막 3차에서 남자들끼리만 혹은 여직원 한둘과 함께 룸살롱에 가서 여성 접대부와 온갖 성적 놀이를 즐기는 것 사이에는 아무런 연관이 없는 것일까?

아니다. 분명 엄밀하게 관련되고 계획된 놀음이다. 성차별적 조직문화는 여직원에게만 유독 직장의 꽃, 오피스 와이프가 되기를 강요하는 정서적 학대와 관련이 있으며, 회식에 참여한 어린 여직원을 접대부처럼 활용하면서 성희롱을 유발한다. 그리고 성적인 놀이문화의 절정은 그들만의 리그인 룸살롱에까지 여직원을 데리고 가서 여성 접대부와 차마 눈 뜨고 보기에 낯 뜨거운 행위를 보여주는 것으로서 여직원에게 모욕을 준다. 즉 함께 룸살롱에 간 남자들은 대놓고 말하진 않지만, 룸살롱의 여성 접대부와 여직원이 다를 바 없는 '성적 대상=여성'이라는 자신들의 생각을 암묵적으로 전달하기 위한 아주 계획적이고 의도된 행위로 보인다.

## 성적인 놀이문화가 성희롱의 시작

앞에서 이미 밝힌 대로 28명의 인터뷰 참여자가 경험한 회식은 역시 음주를 동반했으며, 성희롱이 일어날 충분한 조건을 갖춘 자리였다. 회식 자리에서 일어나는 성희롱에는 어떤 것이 있을까? 다양한 사례를 밝히기 전에 성희롱의 개념과 유형에 대해 간단히 짚어볼 필요가 있다. 왜냐하면 우리는 일상에서 일어나는 성희롱을 성폭력보다 가벼운 것으로, 그냥 넘어가도 되는 행위 정도로 잘못 이해하는 경우가 많기 때문이다. 하지만 이는 성희롱의 개념을 잘못 이해한 것이며, 오해다.

'성희롱'이라는 말이 한국에서 널리 통용되기 시작한 것은 1992년 서울대 조교 성희롱 사건이 공론화되면서부터다. 성희롱이라고 확실히 명명되기 전에 성희롱은 '직장 내 성폭력'이라는 용어로 사용되기도 했다. 이는 성폭력과 성희롱은 정도의 차이가 아니라 어떤 조건에서 발생하는지를 좀 더 구체화하여 구분한 것이다. 즉 직장이나 조직이라는 위계적인 권력관계에서 발생하는 성폭력을 성희롱으로 따로 범주화하는 것이 필요해서 생겨난 명명이다. 따라서 성희롱에 대한 현상적인 이해를 넘어 정확한 원인과 뿌리를 알려면 조직 내의 성차별적이고 성적인 권력관계에 대한 인식이 필요하다. 이것은 이 책의 서두에서부터 계속 강조해온 사실이다. 즉 성희롱의 개념은 '성차별적 조직문화와 성적 위계구조 안에서 다양한 유형(시각적·언어적·정서적·신체적)의 원치 않는 성적 행위'로 정의한다.

시각적 성희롱에는 아래위로 훑어보기, 사무실에서 포르노그래피 보기, 사무실에서 옷매무새 고쳐 입기 등이 해당한다. 언어적 성희롱에는 상대방에게 모욕감을 주는 성적인 농담, 외모에 대한 평가 등이 있을 수 있다. 정서적 성희롱에는 원치 않는 데이트 요구, 스토킹 등이 해당한다. 신체적 성희롱에는 가벼운 터치에서 추행에 해당하는 포옹, 신체 부위 주무르기, 억지 커플 댄스 강요, 위력에 의한 간음이나 간음 유사행위 등이 있다. 따라서 성희롱은 성폭력보다 가벼운 폭력이 아니라, 조직 내 위력에 의해 지속적이고 반복적으로 자행되는 성폭력이다. 그런 이유로 익명에 의한 1회적인 강간 피해 경험도 위험한 상황을 낳지만, 반복적이고 지속적인 성희롱 피해 역시 위험한 결과를 초래한다. 반복적인 성희롱 피해자의 고통은 더 치명적인 피해가 지속될 가능성이 높다는 점에서, 경중으로 성희롱과 성폭력을 구분하는 것은 잘못된 이해라고 할 수 있다.

인터뷰 참여자들은 일터의 대표적 놀이인 회식 자리에서 어떤 성희롱 피해를 경험했을까? 국회에서 5년째 비서로 일하고 있는 김은영은 회식 자리에서 같은 사무실에 근무하는 남자 보좌관으로부터 다음과 같은 말을 들었다고 한다.

"그 남자 비서관이 나한테 묻기를 '여자들은 목욕을 어떻게 해? 내가 어젯밤 룸살롱에 갔는데, 호스티스 가슴이 우유보다 더 부드럽더라' 그러는데, 정말 얼굴을 들 수가 없었어요."

김은영은 회식 자리에서 남자 직원의 성적 농담으로 모욕감을 느끼는 언어적 성희롱 피해를 경험했다. 이는 단순한 성적 농담이라기보다 가해자에게 위험하고 폭력적인 의도가 있는 행위라고 볼 수 있다. 상대방에게 심리적·육체적 모욕감을 주기에 충분한 언어폭력이다. 그런데 이러한 성적 농담은 남성의 술자리 안줏거리로 너무나 일상화되어 있다. L기업에 5년째 다니고 있는 곽정미는 이렇게 말한다.

"회식 자리에서 남자 직원들은 나한테 '우리가 하는 말 귀 막고 듣지 마. 이거 성희롱 아니야. 그냥 우리끼리 하는 이야기야' 그러면서 야한 이야기를 마구 하죠. 그럼 뭐 그냥 듣고 있어요. 아무렇지도 않은 척……. 근데 정말 불편하죠. 내가 제일 어리고…… 결혼도 안 했는데."

곽정미의 남자 동료들은 곽정미가 언급한 '불편한' 마음을 즐기고자 이런 성희롱을 일삼는 것이 아닐까? 분명 그들은 성적 농담이 20대 초반 여성에게 불쾌감과 불편함을 줄 수 있음을, 그리고 그것이 분명 성희롱에 해당하는 것임을 알고 있다. 그러면서도 즐기고픈 욕구를 참지 못하고 마구 발산하는 것이다. 한편 남자 직원들이 유독 많은 K기업에 다니는 주하진은 이렇게 말한다.

"진짜 찐한 성적 농담, 술자리에서 많이 하죠. 근데 받아들여요, 난 뭐 털털하거든요. 그리고 그런 농담에 너무 민감하게 반응하면 남자 동료들이랑 같이 일 못해요. 한마디로 왕따당해요."

주하진은 업무 성격상 대부분의 동료가 남성이다. 인터뷰 당시 내가 본 주하진은 옷차림에서부터 말투까지 터프했다. 그녀의 외양과 말투는 개성이기도 하겠지만, 그녀가 일터에서 적응하기 위해 그런 태도를 몸에 익힌 것이 아닌가 하는 생각이 들기도 했다. 주하진은 일터에서 무리 없이 일하기 위해 남자들의 성적인 농담도 그냥 받아들이는 것이 좋겠다고 생각했다는데, 까다로운 여자로 낙인찍히면 조직생활을 원만하게 유지하기 힘들기 때문에 불편하지만 감수하며 생활하려는 것이 아닐까?

회식 자리에서 경험하는 성희롱의 또 다른 유형은 강제적인 신체적 접촉에 해당하는 억지 커플 댄스(일명 블루스)다. 보통 한국에서 회식을 가질 경우 1차는 고깃집, 2차는 술이 나오는 노래방, 3차는 호프집 혹은 룸살롱이다. 특히 2차에 해당하는 노래방에서 강요된 커플 댄스로 인한 원치 않는 과도한 신체 접촉이 일어난다. 상대적으로 여성이 일하기 좋다는 S기업에 8년째 다니고 있는 최경애는 이렇게 자신의 경험을 말한다.

"대부분의 여직원이 상사가 같이 블루스 추자고 하면 거절하기 힘들어요. 회식 2차에서 블루스 타임은 일상적이고, 대부분의 남자 상사들은 회식에 가면 여직원이 술 시중들고 같이 춤춰주고 그러길 원해요. 내가 입사한 지 얼마 안 됐을 때 회식 자리에서 나이 드신 상무님이 나한테 같이 블루스 추자고 하시는데, 정말 좀 그랬죠. 근데 어떡해요. 난 아무 힘없는 신입이고 그 양반은 회사에서 정말 센 사람인데, 그냥 받아들이는 수밖에 별 도리가 없어요."

최경애의 말대로라면 조직이라는 위계구조에서 나이 들고 권력을 가진 남자 상사가 부하 여직원에게 요청하는 것은 그것이 무엇이든 약자인 여직원으로서는 받아들여야 하는 것이 현실이다. 따라서 인터뷰 참여자들은 정말 원치 않는, 엄연히 성희롱에 해당하는 술 시중과 나이 많은 남자와 얼싸안고 춤추는 일을 일상으로 받아들여야 하는 괴로움을 경험하고 있었다. H기업에 다니는 유현재, 감정평가사무실에서 근무하는 최정희, HS기업에서 일하는 손지혜 역시 회식 자리에서 원치 않는 커플 댄스를 남자 상사와 함께 춘 경험이 있다. 그녀들의 공통점은 피해자는 20대의 젊은 여성이고, 가해자는 남자 상사라는 점이다.

> "회식에 가면 남자 상사랑 꼭 춤을 춰야 해요. 난 정말 싫은데, 그들이 요구하면 뭐라고 대응할지 생각이 안 나요." -유현재

> "종종 나이트클럽이나 가라오케에서 회식을 하면 우리 이사님은 나한테 춤추자 그러고 막 몸을 만져요. 내가 원치 않아도 해야 해요."
> -최정희

> "나이트클럽에 가면 블루스 타임이 있잖아요. 그럼 남자 직원들과 부장님이 억지로 블루스 추자고 플로어로 끌고 가요. 정말 싫은데."
> -손지혜

유현재, 최정희, 손지혜 모두 원치 않았지만 크게 저항하지 못하고 상사와 억지로 커플 댄스를 추었다고 한다. 그들이 남자 상사와 춤추기를 원치 않는 이유는, 원치 않는 상대와의 춤이 즐겁지 않은 것도 이유지만, 춤

을 추는 동안 과도한 신체 접촉의 불쾌감을 감수해야 하기 때문이다. 그런데 그렇게 원치 않는 일을 그녀들이 받아들이는 이유는 뭘까? 첫째로, 한국인은 어린 시절부터 윗사람에게 자기 의견을 정확히 말하기보다는 순응하라고 배워서일 것이다. 둘째로, 권력을 가진 윗사람에게 거부 의사를 표출했다가 그로 인해 불이익을 당하면 어쩌나 하는 우려 때문일 것이다. 마지막으로, 성희롱을 공식적으로 문제 제기한다 해도 문제가 해결되기보다는 오히려 가해자로 낙인찍히게 되어 어려움과 고통에 시달리는 경우가 많음을 이미 알고 있기 때문이다. 2014년 2월 3일 방영된 성희롱 실태를 다룬 다큐멘터리에 등장하는 다음의 주요 내용을 통해서 그 현실을 정확히 알 수 있다.

"30대 중반의 김미정(가명) 씨는 대기업 10년차 과장입니다. 잘나가는 커리어우먼이었던 그녀에게 고통이 시작된 건 2012년 봄부터입니다. 부서에 새로 부임한 팀장은 그녀를 성희롱했습니다. 그녀는 성희롱에 시달리던 지난 1년간의 생활을 쥐덫에 걸린 상황이라고 표현했습니다. 팀원으로 미움 받고 싶지 않은 마음과 성희롱당하고 싶지 않은 마음 사이에서 타협점을 찾으려 했지만 찾을 수 없었고, 결국 회사에 성희롱 사실을 알렸습니다. 그러나 문제는 더욱 심각해졌습니다. 회사는 그녀에게 회사를 그만둘 것을 제안했고, '꽃뱀이다, 별것 아닌데 여자가 오버한다'는 등의 소문만 퍼졌습니다. 가해자는 정직 2주의 징계만 받고 멀쩡히 회사를 다니고 있지만, 회사는 다른 이유를 들어 그녀에게 부당한 징계를 내렸습니다. 그녀는 현재 대기발

령과 직무 정지 상태에서 회사 독방에 갇혀 있습니다."-SBS 뉴미디어부[46]

이러한 현실을 잘 알고 있기에 인터뷰 참여자들의 성희롱 피해에서 벗어나기 위한 시도는 적극적이기보다는 소극적인 경우가 대부분이다. G증권에서 12년간 일했던 송은순 역시 뾰족한 대안 없이 피하는 것 외엔 별 도리가 없다고 말한다.

"윗분들이 원치 않는데 계속 춤추자고 그러면 화장실로 도망가요."

화장실로 도망가고 싶을 정도로 싫은, 원치 않는 신체 접촉과 애무를 수반한 커플 댄스는 명백한 신체적 성희롱이다. 하지만 팀원들과 함께하는 회식 자리에서 성희롱 피해 사실을 드러내고 정확히 문제를 제기하는 것은 쉽지 않은 선택이다.

한편 회식 자리에서의 성희롱은 회식이 끝난 이후에도 계속된다. L기업에서 5년째 일하고 있는 김민희는 회식을 마치고 나온 길거리에서 당한 성희롱 피해 경험을 다음과 같이 말한다.

"우리 팀 회식이 끝나고 집에 가려고 다 나와 길에 서서 인사하면서, 내가 우리 부장님한테 뭐 전해드릴 게 있어서 드리는데 부장님이 나를 꽉 안는 거예요. 그래서 '지금 뭐하시는 거예요?' 하면서 뿌리쳤는데, 정말 너무 화가 나더라고요. 한참 전 일인데도 지금 생각해도 정말 화가 치밀어요."

음주가무가 주를 이루는 일터의 놀이문화가 성적이라고 말하는 이유 중 하나는 회식과 접대 자리에서 약자에 대한 성희롱이 반복적이고 지속적으로 나타나기 때문이다. 내가 만난 인터뷰 참여자 28명은 지금으로부터 10여 년 전 한국의 다양한 일터에 있었던 여성이다. 하지만 10년이 흐른 2014년 오늘도 비슷한 성희롱 피해 사례는 존재한다. 성희롱은 폭력이며 성차별이라는 점을 법으로 명시했고, 이에 대한 의무 교육을 10여 년간 실시해왔는데도 변화는 정말 더디다. 이러한 제자리걸음은 남성 위주의 위계적인 권력관계를 표상하는 성적인 놀이문화의 변화가 더딘 이유와 밀접한 관련이 있다는 생각이다.

## 성차별적이고 성위계적인 조직문화는 왜 위험한가?

변한 것 같지만 정말 변치 않는 한국의 남성 중심적 조직문화의 20세기 패러다임은 지금도 계속되고 있다. 조직 내 채용 기회나 임금과 승진에서의 차별은 여전하며, 신자유주의의 동력은 더 많은 여성을 비정규직과 계약직으로 내몰고 있다. 게다가 최근 박근혜 정부는 '시간제 일자리'로 더 많은 여성을 고용하겠다는 논리를 내세웠다. 지금 우리는 여성을 더 어렵고 지속 가능하지 않은 일자리로 자리매김하려는 찰나에 서 있는 셈이다. 일터에서 권력을 가진 남성에 의해 약자의 성적인 자기 권리는 여전히 끊임없이 침해받고 있다. 그럼에도 자신의 성적 권리를 침해받지 않기 위한 노력으로 회사에 피해 사실을 알린 피해자 중 36퍼센트는 회사로부터 불이익을 받았다는 한국여성민우회의 보고가 있다. 불이익의 내용은 부당해고, 재계약 탈락, 보복성 징계, 악성 소문 유포, 협박, 따돌림, 괴롭힘 등으로 다양하다.[47] 과연 누가 죄인인가? 성희롱 가해자는 멀쩡하게 회사를 다니는데, 피해자는 피해 사실을 숨기거나 혹은 피해 사실을 당당히 밝히더라도 불이익을 감수해야 하는 사회, 무섭고 위험한 사회다.

1999년 2월 개정된 남녀고용평등법 제2조 제2항은 성희롱이 남녀차별에 해당하며, 이를 법적으로 규제한다고 분명히 밝힌다. 이에 대한 책임은 사업주에게 있고, 성희롱 피해와 가해를 줄이기 위해 1년에 1회 이상 한 시간씩 성희롱 예방교육을 받아야 함을 명시했다. 윤창중 청와대 전 대변인의 성희롱 사건 당시 공공기관의 성희롱 예방교육 시행과 참여율에 대한 점검에 나선 여성가족부는 그 비율이 100퍼센트에 이른다고 보고했다. 그런데 왜 여전히 성희롱은 일어나는 것일까? 관련법도 있고, 예방교육도 지속적으로 실시하고 있는데 말이다. 단언컨대 변화를 거부하는 성차별적 조직문화와 권력을 가진 남성만이 탐닉하고 즐길 수 있는 변태적인 성적 놀이문화가 유지되기를 바라는 권력층이 분명히 존재하기 때문일 것이다.

하지만 합리적으로 조직을 발전시켜 이윤을 추구하는 기업의 오너 입장에서 볼 때 이런 권력이 긍정적인 것일까? 그렇지 않은 징후가 하나둘 보이는데, 기업이 자신들의 고유한 문화를 바꾸기 위해 어떤 방식으로든 혁신을 부르짖는 데서 그 맹아를 찾아볼 수 있다. 한편 최선을 다해 업무를 충실히 수행하는 남성과 여성 조직 구성원 중 누가 이런 문화를 지속하길 원할까? 그 또한 확신하기 힘들다. 남성이자 고위직 공무원인 이진수가 쓴《남자가 남자에게》에서 밝힌 것처럼 술 마시고 접대하는 문화에 환멸을 느끼는 남성도 생기기 시작했기 때문이다. 그렇다면 이런 문화를 계속 유지, 존속하고자 하는 메커니즘은 과연 무엇일까? 이는 '갑·을 정치학의 문제와 연관된 것이 아닐까?'라는 물음을 던지며, 3부에서 갑·을 정치학과 섹슈얼리티의 문제를 좀 더 날카롭고 예리한 눈으로 살펴보기로 하자.

Part 3.

# '슈퍼 갑'의 위험한 섹슈얼리티
## 끊이지 않는 성희롱과 성상납

2014년 2월 한 TV 다큐멘터리에서 '갑의 희롱, 을의 비명—성희롱 실태 보고서'를 방영했다.[48] 이 사건은 르노삼성자동차 중앙연구소의 남자 팀장이 같은 팀 부하 여직원을 1년 동안 지속적으로 성희롱한 사건이다. 내용인 즉, 2012년 2월부터 2013년 3월까지 지속적으로 상사에게 성희롱을 당한 피해자 김미정(가명)이 견디다 못해 성희롱의 고통에서 벗어나고자 회사 인사팀에 신고하면서 사건이 드러났다. 하지만 신고 후 팀장의 성희롱은 중단되었으나, 김미정의 직장생활은 더 고통스러워졌다. 성희롱 가해자를 정확히 처벌해야 할 의무가 있는 회사 측은 피해자가 진술한 성적 발언이 담긴 지속적인 문자, 일과 후 데이트 요청, 부담스러운 성적 접촉 중에서 가해자가 인정한 "오일 마사지 해줄게"라는 발언 하나만 인정하고 나머지 피해 사실은 입증할 수 없다는 이유로 전혀 인정하지 않았다.

신고 후 2개월이 지나서야 가해자인 팀장은 2주의 정직 처벌을 받았고, 이후 다른 부서로 이동하여 아무 일 없다는 듯 업무에 복귀했다. 게다가 가해자인 팀장은 "저 여자가 날 먼저 유혹했어"라는 악의적인 소문까지 퍼뜨렸다. 하지만 피해자 김미정은 대기발령 및 업무 정지 상태였다. 그녀의 성희롱 피해 사실을 증언해준 여직원 ㄴ은 근태불량이라는 명목으로 정직 처분을 받기까지 했다. 그 후 회사는 피해자 김미정과 피해자를 변호해준 ㄴ을 CCTV가 설치된 작은 사무실로 이동시킨 후, 회사 컴퓨터도 사용하지 못하게 하고 화장실 가는 것 외에 부서장 허락 없이는 10분 이상 자리를 비우면 안 된다는 규정을 제시하여 감금 아닌 감금을 했다. 정말 억울하고 분통 터질 일이다.

이 사건으로 우리는 한국의 일터가 얼마나 남성 갑을 중심으로 돌아가며 남성 갑만을 대변하는 데 체계적이고 지능적인 조직인지를 알게 되었다. 그러기에 1993년 서울대 조교 성희롱 사건 이후 20여 년 동안 조직 내 성폭력 문제에 저항해보기도 하고, 이를 방지하기 위한 법체계도 만들고, 뿌리 깊은 고정관념을 바꾸고 미리 예방하자는 취지에서 성희롱 예방 교육도 실시해왔지만, 여전히 '슈퍼 갑'이 휘두르는 성희롱·성상납·성매매라는 위험한 섹슈얼리티의 피해로 울부짖는 피해자 '을'을 우리는 일상적으로 만난다.

그래서 3부에서는 우선 최근에 사회적 이슈가 된 슈퍼 갑, 한국의 고위 공직자들의 위험한 성희롱을 둘러싼 정치학의 실체가 무엇인지를 살펴볼 것이다. 또한 성희롱 피해자가 침묵하고 저항하지 못하는 이유, 반면 성희롱 가해자의 자기 행위 부인에 얽힌 정치학 문제에 대한 이야기를 펼쳐볼 것이다. 자, 이제 한국 사회의 갑/을 정치학이 섹슈얼리티 문제와 어떻게 연결되어 있는지 밝혀보기로 하자.

# 1993년과 2013년 사이
## 서울대 조교 성희롱 사건과 윤창중 성희롱 사건

서울대 조교 성희롱 사건이 사회적 이슈가 되었던 1992년 여름, 당시 20대인 나는 대학원에서 어떤 주제로 석사논문을 쓸까 한창 고민하던 시기였다. 그때는 성희롱이라는 용어가 처음 대두되면서 개념이 분명치 않았던 시기라 성희롱에 대한 학문적인 논의나 관련 책, 현실화된 사례도 없었다. 그리고 1992년에는 성희롱이 불법이지도 않았다. 성희롱이라고 하면 사람들이 "성희롱? 그게 뭐야?"라고 말하던 그런 시절이었다. 정말 아무도 성희롱을 범죄로 생각하지 않던 시대에 성희롱 피해자인 서울대 화학과 조교(당시 24세)가 공식적으로 문제를 제기하자, 여성인권단체를 중심으로 성희롱 문제가 사회적으로 공론화되기 시작했고, 결국 이 사건은 대한민국 최초의 성희롱 민사재판소송으로 기록되었다.

1993년 10월에 시작된 재판은 6년여의 긴 세월을 거쳐 1999년 6월, 가해자 신 교수는 피해자 우 조교에 대한 정신적 손해배상책임으로 500만 원을 지급하라는 명령을 내림으로써 성희롱이 범죄라는 점을 엄격히 명시했다. 최초의 성희롱 민사소송의 승소는 1999년 남녀고용평등법을 개정하여 성희롱을 법으로 규제할 수 있는 디딤돌이 되었다. 성희롱을 방지하기 위한 법률 제정, 성희롱 예방교육 의무화 등의 제도화는 주요한 결실이다. 이러한 제도화에 우리가 거는 기대는, 성희롱 피해 완전 근절까지는 아니더라도 피해자 비율이 감소하고 피해자의 권리가 개선되는 것이었다.

하지만 성희롱 문제가 공론화되기 시작한 지 20년, 그리고 제도적인 체계가 만들어진 지 14년이 지난 2013년 5월, 대통령 방미 중 청와대 대변인 윤창중이 미국대사관 인턴 여직원을 성희롱했다는 기막힌 뉴스가 전 세계의 전파를 탔다. 가해자 윤창중은 한국으로 돌아와 자진하여 기자회견을 열고 사건을 전면 부인했다. 20년 전 서울대 조교 성희롱 가해자 신 교수의 반응과 아주 유사하다. 신 교수는 1998년 당시 본인의 억울함을 호소하며 자신을 변호하는 글을 써《나는 성희롱 교수인가?》라는 책까지 출판하기도 했다. 두 사건은 가해자의 반응뿐 아니라 피해자의 조건도 유사하다. 피해자인 조교와 대사관 인턴 직원 모두 20대의 젊은 여성이라는 점, 그리고 정규직이 아니라 계약직이라는 점, 다행히 두 피해자 모두 용기를 내서 성희롱 피해 사실을 정확히 문제 제기했기 때문에 세상이 그 사실을 인지할 수 있었다는 점이다.

이렇게 닮은 두 사건은 씁쓸하게도 우리로 하여금 여러 가지 질문을 던지게 한다. 첫째로, 성희롱 방지를 위한 법 제정은 성희롱 피해를 줄이는 데 아무런 영향력이 없었던 것일까? 둘째로, 윤창중은 방미 전 청와대에서 실시하는 성희롱 예방교육을 받았다고 하는데 왜 성희롱 가해자가 됐을까? 그렇다면 지금까지 실시한 성희롱 예방교육은 아무 소용이 없었던 것일까? 마지막으로, 그렇다면 무엇이 변해야 성희롱 피해가 줄어들 수 있고, 피해자가 당당하게 자신의 권리를 주장하는 세상으로 변할 수 있을까? 이런 질문들에 답을 얻기 위해서는 우선 문제의 핵심을 정확히 파악하는 데서부터 시작해야 한다고 생각한다. 따라서 우리 사회와 일터에서 벌어지는 갑·을 정치학의 일상성 분석에서부터 출발해볼 것이다.

## '갑의 희롱, 을의 비명' : 오늘도 우리는 수많은 '슈퍼 갑'을 만난다

2014년 2월 7일 오늘도 난 인터넷 뉴스에서 슈퍼 갑의 성희롱 사건을 쉽게 접할 수 있었다. 내용인즉슨, '여군들을 자신의 공관으로 불러 술 접대를 시켰다는 등의 의혹이 제기된 현역 사단장이 최근 보직 해임된 뒤 전역한 것으로 드러났다'는 것이다. 그의 해임 사유는 술값을 부하들에게 계산하게 하거나, 여군 장교들을 공관으로 불러 술 접대를 시켰기 때문이다.[49]

우리는 이미 2013년 10월 16일 강원도 전방에서 여군 대위가 자살한 채 발견됐다는 뉴스를 접했다. 자살의 이유는 직속상관의 성관계 요구와 성추행, 언어폭력 등의 고통 때문이었다. 가해자 노 소령은 '하룻밤만 자면 군 생활 편하게 해주겠다'는 요구를 피해자가 들어주지 않자 10개월 동안 식사시간도 제대로 주지 않고 야간근무를 시키는 등 가혹행위를 했음을 피해자 오 대위의 유서에서 확인할 수 있었다.[50]

어떤 조직보다도 남성 중심적이고 상명하복의 위계가 강한 조직이 군대라는 것을 부인할 사람은 없다. 사람들은 그 뉴스를 보고 '왜 오 대위는 이를 정식으로 문제 제기하지 않고 자살이라는 극단적인 방법을 선택했을까?'라는 의문을 가졌을 것이다. 이에 대해 피해자 오 대위의 고모는 한 언론과의 인터뷰[51]에서 다음과 같이 말했다.

"걔가 굉장히 자존심이 강해요. 자존감이 있어서요. 웬만하면 자기가 혼자서 해결하려고, 맏이로서 혼자 해결하려고 했는데, 너무나 고통스러우니까 친한 단짝친구에게는 털어놨어요. '조금만 참으면 된다, 여태까지 10개월 정도 참았는데…….' 조금만 더 참으면 노 소령이 간답니다. 집에 추석에 와서도 '아빠, 내가 조금만 더 참으면 되니까……' 그랬고요. 성추행 관련된 것은 술을 먹으니까 너무너무 괴로우니까 털어놓으면서 '여태까지 참았는데…… 아빠, 조금만 더 참을게요' 그러니까 아빠가 벌떡 일어나서 '그 새끼 죽여버린다, 가만두지 않겠다'고……."

오 대위는 상관에 의한 성희롱·성추행 사건을 공론화하는 것보다는 자신이 참고, 어떻게든 그 상황을 모면하는 것이 문제를 해결하는 방법이라고 판단했던 것이다. 오 대위의 아버지가 가해자 소령을 가만두지 않겠다고 울분을 터뜨렸지만, 그 아버지 역시 군대라는 조직에서 발생한 성추행·성희롱 사건을 공식화하는 것이 문제를 해결하는 데 도움이 될지, 아니면 상황을 더 악화시킬지 우려가 있었기 때문에 아무런 저항을 못했을 것이다. 안타깝게도 오 대위는 가혹행위를 견디다 못해 결국 자살을 선택했다. 당시 오 대위에게는 약혼자가 있었으며, 결혼을 앞두고 있었다.

그녀가 자신의 목숨까지 걸고 유서를 통해서 밝히고자 했던 것은 무엇일까? 엄격한 계급사회에서 약자인 자신과 같은 또 다른 피해자가 더 이상 없기를 바라는 마음이 가장 크지 않았을까? 이 사건이 공론화된 후 가해자 노 소령은 구속되었지만 2013년 12월에 계획되었던 재판은 1월로 연기되었다. 그리고 2014년 3월, 노 소령에게는 징역 2년에 집행유예 4년이 선고되었다. 재판부가 유죄를 인정하면서도 집행유예라는 솜방망이 처벌을 한 것에 대해 오 대위 유족과 군 검찰 측은 항고 의사를 밝혔다.[52]

오 대위 사건뿐이 아니다. 우리의 머릿속에 기억된 슈퍼 갑의 대표적 무리인 공직자에 의한 성희롱·성추행 사건은 상당히 많다. 공직자의 사전적 의미는 "공무원·국회의원 따위의 공직에 종사하는 사람"으로, 그들은 국민의 세금으로 임금을 받는다. 그렇다면 그들은 국민 위에 군림하는 사람이 아니라 국민에게 봉사하는 심부름꾼이어야 하는데, 왜 그들은 슈퍼 갑 노릇을 하는 것일까? 아마도 그래서 그들의 '갑질'이 드러날 때 우리 같은 보통 사람들은 더 분노하는 것인지도 모른다. 한마디로 내가 낸 세금으로 월급 받으면서 권력을 남용하는 것 아닌가. 게다가 성희롱·성추행 등으로 개인의 인권을 심각하게 침해하는 것으로 모자라 이를 은폐하기까지 한다. 이에 우리는 분노하지 않을 수 없다. 그들이 지금까지 벌인 성희롱·성추행 사건을 한번 살펴보면 다음과 같다. 이는 2013년 5월 윤창중 전 청와대 대변인 성희롱 사건 이후 야당의 한 여성 의원이 개최한 긴급 토론회의 자료집 부록[53]에 실린 내용을 발췌한 것이다.

## 2013년 5월, 여비서 성추행 혐의 고양 덕양구청장

경기도 고양시 덕양구청장은 비서로 근무한 B씨(8급)를 최근 몇 달간 수차례에 걸쳐 부적절한 신체 접촉을 하는가 하면, 성적 수치심을 느끼게 하는 언행으로 성추행한 의혹을 받고 있음.

## 2013년 5월, 순천시청 공무원 동료 직원 성추행 혐의로 직위 해제

전남 순천시청 소속 공무원 박 모 씨(50)가 회식 후 술에 취해 정신을 잃은 같은 부서 여직원 A씨를 길거리에서 추행하다 보다 못한 제3자가 신고해 현행범으로 검거되었으나, 피해자가 처벌을 원치 않아 풀려남.

## 2013년 2월, 전북도청 공무원 위탁기관 여직원 성추행 혐의

전북도청 복지여성국 소속 공무원이 청소년상담복지센터 상담원을 성추행한 혐의로 직위 해제된 이후 대기발령 상태임. 전북도청의 미온적 대처와 피의자 쪽과 도청 관계자들의 2차 가해로 인해 여성단체와 함께 지속적인 문제 제기 중.

## 2013년 2월, 전북도교육청 감사공무원 피감기관 여직원 성추행 혐의로 영장

감사공무원 A씨는 지난해 수천만 원의 공금 횡령과 관련해 감사 중이던 도내 한 초등학교의 여성 행정실장 B씨를 불러내 성관계를 요구하고 성추행한 혐의를 받음.

## 2013년 2월, 인천 남구청 고위간부 공무원 부하 여직원 성추행 의혹

인천 남구의 한 노래방에서 구청 고위간부 공무원 A씨가 여성 공무원 B씨의 엉덩이를 만지는 등 신체 접촉과 성희롱을 했다는 혐의를 받고 있음.

## 2012년 12월, 안상수 전 한나라당 대표 "룸에 가면 자연산을 찾는다"

2012년 12월 안상수 당시 한나라당 대표는 "요즘은 성형을 너무 많이 하면 좋아하지 않는다", "룸에 가면 오히려 자연산을 찾는다"라며 여성 비하적인 성희롱 발언을 함.

## 2010년 7월, 강용석 전 의원 "아나운서는 다 줄 생각을 해야 한다"

강용석 전 의원이 술자리에서 여대생들에게 "아나운서가 되려면 다 줄 생각을 해야 한다"라고 말해 아나운서협회에 의해 모욕죄로 고소당함. 그 외에도 여러 차례 성희롱 발언으로 물의를 일으켜 당에서 제명되었으나 국회의원 제명안에서는 다수의 반대로 부결되어 의원직을 유지함.

## 2010년, 이강수 고창군수 22세 계약직 여직원에게 누드 요청

피해 여성은 군수실에서 성추행을 당했다며 이 군수를 검찰에 고소, 열 차례에 걸쳐 누드 사진 촬영을 집요하게 강요당했다고 주장함. 이 사건은 국가인권위에도 제소되었으며, 인권위는 '성희롱 사실이 인정된다'고 결정, 이후 민주당에서 제명됐으나, 고소장을 접수한 전주지검은 사건을 '혐의 없음'으로 결론짓고 종결 처리함.

## 2007년 9월, 이명박 당시 한나라당 대선 후보의 '마사지 걸' 발언

2007년 9월 이명박 당시 한나라당 대선 후보가 "마사지 걸들이 있는 곳을 갈 경우 얼굴이 덜 예쁜 여자를 고른다", "얼굴이 예쁜 여자는 이미 많은 남자들이 (고르기 때문에) 얼굴이 덜 예쁜 여자들은 서비스도 좋다"라고 말해 비판을 받음.

## 2006년, 최연희 전 한나라당 사무총장 성추행 파문

술자리에서 모 일간지 여기자를 성추행해 파문을 일으킴. 사건 발생 이틀 뒤 최 전 의원은 "술에 취해 식당 아줌마로 착각했다"라고 변명함. 이 사건으로 재판에 넘겨진 최 전 의원은 1심에서 '징역 6개월 집행유예 1년'을 선고받았으나 항소심에서 '벌금 500만 원에 선고유예'를 받음.

## 2002년 1월, 우근민 제주특별자치도 도지사의 성희롱

우근민 제주도지사는 자신의 도청 집무실에서 여성직능단체장의 가슴을 만짐. 그러나 우 지사는 오히려 피해자를 '허위 사실 적시에 대한 명예훼손'으로 고소했고, 우 지사의 행위를 성희롱이라고 결정한 여성부 남녀차별개선위원회에 이의 신청, 판결마다 성희롱이 맞는다고 나왔지만, 우 지사는 계속 항소함. 2006년 대법원 상고를 기각하면서 패소 확정을 받음.

지난 10여 년 동안 발생한 한국의 대표적인 공무원·국회의원 그리고 지방정부 단체장들의 다양한 형태의 성희롱·성추행 행위를 찬찬히 살펴보다 보니 여러 가지 의문과 생각으로 머릿속이 복잡해졌다. 우선 1999년 성희롱방지법이 제정된 이래로 그들의 행위는 모두 불법이다. 그런데 무슨 배짱으로 국가의 녹을 먹는 이들이 이렇게 성희롱·성추행을 서슴지 않았던 것일까?

이들 중 몇몇은 성희롱 사건으로 지위에 치명적인 손상을 입기도 했지만, 시간이 흐르면서 대부분은 자신들의 지위를 유지하는 데 성희롱 범죄는 아무런 문제가 되지 않았다. 특히 이명박 전 대통령의 대통령 후보 당시 성희롱 발언은 그가 대통령으로 당선되는 데 아무런 문제가 되지 않았다. 강용석 전 국회의원은 성희롱 발언으로 결국 당시 여당을 탈당하고, 그 이후 공천을 받지 못해 국회의원 직을 그만두었다. 하지만 요즘 그는 방송에서 주가를 올리고 있다. 자신의 성희롱 경험을 희화화하기까지 하면서. 성희롱 발언을 마치 해프닝 정도로 무마해버리고 미성년자 아들까지 데리고 자연스럽게 방송할 수 있는 힘은 과연 어디서 나오는 것일까? 근본적으로는 고위 공직자들이 가지고 있는 슈퍼 갑의 위력 덕분일 것이다. 또한 고위 공직자의 성희롱·성추행을 마치 가십거리처럼 취급하는 언론의 태도 역시 이러한 문제를 은폐, 축소하는 역할을 해준다. 피해자의 상처와 저항, 그로 인한 지속적인 고통에 대한 보수 언론의 왜곡되고 편중된 보도 태도가 슈퍼 갑에 의한 성희롱·성추행 피해자가 끊임없이 발생하게 되는 주요 원인이라는 생각도 든다.

## 성희롱 사건에 대한 언론의 '갑'짓거리!

2013년 5월 청와대 전 대변인 윤창중의 미국대사관 인턴사원 성희롱 사건이 발생하자 곧 사건은 언론에 보도됐고, 그래서 함께 갔던 방미 수행단과 달리 윤창중은 조기 귀국해 결국은 청와대 대변인 직에서 해임되었다.

그런데 이 사건을 보도하는 언론의 태도는 어떠했는가? 성희롱 가해자인 윤창중의 자기 보호식 기자회견을 여과 없이 그대로 기사화해 내보냈을 뿐 그 어떤 분석도 평가도 없었다. 피해자가 어떤 피해를 당했는지, 그녀의 건강 상태는 어떤지 등에 대해서는 전혀 관심을 갖지 않았다. 오히려 윤창중의 성희롱 부인 발언, 특히 피해자의 인권이나 의견은 전혀 고려하지 않은 가해자 윤창중의 변명으로 가득한 기자회견문을 여과 없이 전문 그대로 보도하기에 급급했다.[54]

이제부터는 이 사건과 관련한 언론의 보도 태도와 윤창중의 변명이 어떻게 피해자를 폄하하고 2차 피해를 주었는지 분석해보기로 하자. 다음은 윤창중 기자회견과 관련해 보도된 기사의 첫 대목이다.

> "우선 윤창중 전 대변인은 성추행 의혹에 대해 '앞서 여자 가이드가 제대로 업무를 수행하지 못해 질책했다'며 '이후 여자 가이드를 위로하는 차원에서 술 한잔 사겠다고 말했다'고 밝혔다."

우선 윤창중은 피해자인 대사관 인턴사원을 '여자 가이드'로 지칭했는데, 이는 그녀의 역할을 청와대 대변인인 자신의 개인 비서 일을 하는 사람으로 생각하는 잘못된 인식에서 출발한 것이 아닐까? 따라서 기자회견 전문을 보면 그가 말하는 그녀의 업무 실수란 다음 날 일정을 정확히 모르고 출발 시간에 맞춰 차량을 제대로 대기시키지 못한 것이며, 그에 대한 질책이었다고 말한다. 이게 사실이라 하더라도 본인도 대통령을 수행하는 대변인이면서 대한민국 대통령의 방미를 지원하기 위한 인턴사원에게 본인의 일거수일투족을 모두 알아서 보좌, 보필해야 한다고 여기다니, 이런 생각은 어디서 나온 것일까? 한마디로 윤창중 본인은 갑, 인턴사원은 을이라고 생각했기 때문이 아닌가. 또한 자신이 심하게 질책한 것이 걸려서 위로하기 위해 술 한잔을 사겠다고 했다는데, 이런 발상은 한국의 남성 중심적인 음주·접대 문화에서 비롯된 것으로 보인다. 즉 그 인턴사원의 의사와는 무관하게 술로 모든 문제를 해결할 수 있다는 생각에서 말이다.

앞의 인용문은 기자회견 관련 언론 기사의 첫 대목인데, '성추행 의혹'이라는 단어를 사용함으로써 아직 성추행인지 아닌지 확실하지 않다는 메시지를 전달한다. 기사 작성 당시 워싱턴 수사 당국에서 관련 수사가 진행되고 있었고 확실한 혐의 사실이 입증되지 않았기에 '의혹'이라는 표현을 쓸 수는 있다. 하지만 가해자일 가능성이 높은 사람의 발언을 그대로 여과 없이 받아서 기사를 작성한 이유는 무엇일까? 가해자가 청와대 대변인이 아닌 보통 사람이었어도 이런 기사를 내보낼 수 있었을까? 이렇게 가해자의 입장에서 여과 없이 기자회견 내용을 보도하는 태도는 언론이 권력의 시녀라는 말을 반증하는 것이 아닐까?

"이어 술자리가 끝난 후 여자 가이드의 허리를 툭 한 차례 치면서 '앞으로 잘해. 미국에서 열심히 살고 성공해'라고 말한 게 전부라며 '성적인 의도는 절대 없었다'고 강조했다."

위의 인용문 역시 기자회견 전문에 실린 윤창중의 말을 그대로 인용
했다. 즉 가해자는 성적인 의도가 없었으며, 따라서 성추행이 아니라고 부
인하는 그의 말을 그대로 기사화한 것이다. 피해자는 윤창중이 엉덩이를
부여잡았다고 했다. 하지만 윤창중은 허리를 툭 한 차례 쳤을 뿐이라고 말
한다. 여기서 중요한 것은 분명 하나의 사건을 피해자와 가해자가 전혀 다
르게 말한다는 점이다. 보통 성희롱·성추행 사건은 피해자와 가해자 단둘
이 있을 때 발생한다. 따라서 관련 사건을 다룰 때는 피해자의 진술을 더
존중해야 한다는 피해자 존중주의를 채택한다. 하지만 이 기사는 윤창중
의 기자회견 내용을 사실 여부를 따지지 않고 그대로 기록해 보도했다.
한편 다음의 인용문은 성희롱이 아닌 성추행 혐의가 의심되는, 새벽
에 인턴사원을 호텔 방으로 부른 일에 대한 윤창중의 변명을 그대로 실었
다. 언론 역시 사실이 아니라는 윤창중의 변명을 받아들이는 입장을 취한
것이다. 이 기사에서 "일부 매체의 의혹"이라고 서술한 점을 봐도 이 기사
를 쓴 사람은 윤창중의 기자회견 내용을 더 신뢰하는 듯하다.

"또 윤창중 전 대변인은 호텔 방으로 여성 인턴을 불렀다는 일부 매
체의 의혹에 대해 '가이드가 다음 날 아침 내 방을 노크해 '여기 왜
왔어, 빨리 가' 하고 문을 닫은 것일 뿐'이라며 '제가 있을 때 제 방에
그 가이드가 들어온 적이 없다'고 강력 부인했다."

이와 같이 청와대 전 대변인 윤창중의 성추행 사건에 대한 언론의 보도 태도는 두 가지로 나뉜다. 첫째, 언론 중립이라는 입장에서 맥락 없이 최소한의 사실만을 보도하는 태도. 둘째, 권력을 가진 가해자의 자기변명 기자회견문을 토대로 피해자에게 2차 피해가 되는 내용을 여과 없이 보도하는 태도. 두 가지 모두 피해자의 관점은 배제된 보도 태도다. 한편 공중파 방송 3사의 경우는 아예 윤창중의 기자회견을 보도조차 하지 않아 사건을 축소하려는 것 아니냐는 문제 제기를 받기도 했다.[55] 따라서 1993년에 일어났던 서울대 조교 성희롱 사건과 20년이 흐른 현재 청와대 전 대변인의 성희롱 사건이 닮은꼴이 되게 하는 데는 언론이 큰 몫을 한 것이다. 즉 대부분의 언론은 조직 내에서 권력을 쥔 가해자의 목소리와 시각에서 사건을 분석하고 보도했다. 아마도 언론은 그런 그들의 입장을 이렇게 변명할 것이다. 피해자는 취재에 응하지 않아 그들의 목소리를 담기 힘들다고. 피해자가 실명으로 자신의 피해 사실을 밝히지 못하는 이유에 대해서는 별 고려가 없다. 그것이 핵심인데 말이다. 한국 사회에서 성희롱·성추행·성폭력을 당한 피해 당사자가 자신의 피해 경험을 공론화하는 것이 얼마나 힘든 일이며, 그런 공론화를 통해 어떤 2차 피해를 당하는지에 대한 감수성이 조금만 있어도 이런 식의 보도 태도를 취할 수는 없을 것이다. 20년 전 서울대 조교 성희롱 사건 당시 해결하지 못한 숙제가 2013년 윤창중 성희롱 사건에도 그대로 남아 지금도 여전히 우리의 어깨를 무겁게 짓누르고 있다.

# 대한민국은 관음증 공화국
## 1999년 A씨 비디오 불법 유출에서
## 2014년 L씨 누드 사진 유포에 이르기까지

여성 연예인의 성관계 내용을 담은 영상이 불법으로 유포된 최초의 사건은 1990년대 후반 'A씨 비디오 유출 사건'이었다. 그때부터 시작된 여성 연예인의 성관계나 사생활을 담은 영상매체의 불법 유포는 다음 해 여가수 B의 성관계 비디오가 유출되는 등 2014년 오늘까지 끊이지 않고 계속되고 있다. 이는 분명 여성 연예인의 사생활과 인권 침해를 수반한 성폭력이다. 그럼에도 A씨 비디오 불법 유출 사건에 대한 대한민국 국민의 관심은 '누가 유포자인가? 그리고 그 유포자에 대한 처벌은 어떻게 해야 하는가?'에 관심을 갖기보다는, '불법 비디오를 어디서 구해서 몰래 볼까?'에 더 관심이 많았다. 보고 나서는 A와 B에 대한 마녀사냥식 비난이 시작되었다. '남의 성관계를 훔쳐보고 나서 욕하기'는 대한민국 국민의 억압된 성에 대한 왜곡된 욕망 분출이 아닌가 하는 생각까지 들게 했다.

한편 비디오 유출 사건의 피해자 A와 B는 피해자임에도 죄인이 되었고, 사회에서 매장되었다. 이후에도 여성 연예인의 은밀한 사생활인 성관계 영상매체는 계속 제작되었다. 왜일까? 이 사건을 계기로 연예인 기획사는 신인 여배우의 발목 잡기용 도구로 은밀한 사생활을 담은 동영상을 제작하고, 신인 배우가 인기 스타가 되면 그 영상물을 활용한다는 말이 떠돌기도 했다. 즉 연예 기획사 사장들의 강요에 의한 여성 연예인의 사생활 영상매체 제작이 여성 연예인의 몸과 성에 대한 권리를 통제하기 위한 수단으로 활용되기도 한다는 것이다.

따라서 이번 장에서는 1990년대 말부터 이따금 사회적으로 화제가 되었고 2014년 현재도 여전한 여성 연예인의 사생활 영상 유출 사건들을 분석하여 약자이자 공인인 여성 연예인의 사생활 훔쳐보기로 욕망을 채우는 우리 사회의 관음증 문화를 들여다보고, 동시에 그 영상 유출을 미끼삼아 권력과 부의 축적에 활용하는 연예산업의 성정치학 문제가 성상납·성접대라는 위험한 정치학과 어떻게 연결되어 있는지 살펴보기로 한다.


**우리의 관음증을 자극하는 대한민국 언론매체**

위키피디아에는 관음증을 "성적도착증 중 하나로, 사람의 특정 신체 부위나 성적인 행동을 훔쳐보거나 촬영을 하여 성적 흥분을 느끼는 것을 말한다. 대한민국에서는 타인에게 이러한 행위로 피해를 준 경우에는 법적으로 처벌받을 수 있다"라고 설명한다. 어느 사회에서건 관음증으로 욕망을 충족하는 부류는 있을 것이다. 하지만 1999년 A씨 비디오 유출 사건은 대한민국 전체 국민이 관음증에 걸린 것이 아닌가 하는 의문을 만들어낸 사건이었다. 남녀노소 할 것 없이 많은 사람들이 그 비디오를 어떤 경로를 통해서든 찾아보았고, 당시 이 비디오에 대한 감상평에서부터 뒷공론에 이르기까지 이에 대한 관심은 예상을 뛰어넘었다.

이 사건에 대한 언론매체의 보도 태도는 대한민국 국민의 잠재적인 관음증을 자극하기에 충분했다. 다음에 인용한 언론 보도[56] 내용을 보면 당시 A씨 비디오 사건이 어떻게 언론을 통해 왜곡되었으며, 그리하여 피해자 A가 어떤 고통을 받았을지 짐작할 수 있다.

"A씨의 어머니는 '언론이 선정적인 보도로 내 딸을 죽였다'고 말했다. A씨는 한국 언론을 상대로 한 명예훼손소송도 준비 중인 것으로 알려졌다."

당시 A씨 비디오 유출 사건 전개 과정을 정리하면, 'A씨 비디오 불법 유출 → 언론의 A씨 비디오 유출 사건에 대한 확인되지 않은 선정적인 보도 → 다수의 대한민국 국민 불법 비디오 시청 → A는 미국으로 출국 → 참다못한 A가 미국에서 검찰에 공식 수사 의뢰'로 요약된다. 지금 우리는 사건이 발생하자마자 검찰이 관련 사건을 수사하고 유포자부터 검거하려 했을 거라고 생각하지만, 실상은 완전히 반대로 전개되었다. 다음의 내용을 보면 어떻게 앞뒤가 바뀌어 일이 진행됐는지 정확히 알 수 있다.

"서울지검 강력부(부장 박영수)는 8일 'A씨 비디오' 사건과 관련, 미국에 있는 탤런트 A씨가 '비디오의 유출-대량 배포 경위를 밝혀달라'는 진정서를 접수함에 따라 수사에 나섰다. 검찰은 우선 이 비디오에 등장하는 H씨와 주변 인물을 소환, 이 비디오가 인터넷에 28분짜리 동영상으로 게재되고, 비디오로 대량 제작, 유포된 경위를 수사할 계획이다."

이 기사는 사건 발생 한참 후 A가 언론과 여론의 횡포에서 벗어나기 위해 미국으로 잠적한 뒤에도 사건이 잠잠해지기는커녕 일파만파로 확산되자 검찰에 수사를 의뢰한 내용을 다룬 것이다. 인터넷 동영상이 아닌 비디오테이프로 만들어져 유포되었다는 점을 볼 때 이 사건은 상당히 조직적이고 체계적으로 이루어졌으며, 상업적 활용을 목적으로 유출된 것이 확실하다고 여겨진다. 그런데 어떻게 검찰은 피해자 A가 머나먼 타국에서 고통스러워하며 수사를 의뢰할 때까지 아무런 대처도 하지 않았을까? 당시 대한민국 검찰도 자신들의 본분을 망각한 채 집단관음증에 가담한 것이 아닐까 하는 의문마저 생긴다.

한편 10년이 지난 2009년 11월 〈서울신문〉에 '관음증 꼼짝 마'[57]라는 기사가 실렸다.

"청주지법 형사3단독 하태헌 판사는 충북 청원군의 모 대학 여자 기숙사에 들어가 샤워 장면을 훔쳐본 혐의로 불구속 기소된 박 모 씨(53)에게 징역 6월을 선고하고 법정구속했다고 19일 밝혔다. 하 판사는 판결문에서 '알몸을 훔쳐보는 행위는 피해 여학생에게 큰 정신적 충격을 줄 수 있고, 나아가 추가 범죄로 이어져 매우 위험한 상황을 초래할 수 있었다는 점에서 죄질이 매우 좋지 않다'고 판시했다.

식당 종업원인 박씨는 지난 9월 22일 오전 9시 30분쯤 경비원이 자리를 비운 청원군 모 대학 여자 기숙사에 들어가 음식물 배달 전단을 붙이고 다니다가 공동 샤워장에 침입, 여학생 샤워 장면을 10분간 훔쳐보다 현장에서 붙잡혔다."

이 사건 기사를 보면서 1999년 A씨 불법 비디오를 몰래 훔쳐본 대한민국 국민의 형량은 몇 년이냐고 하 판사에게 질문하고 싶어진다. 왜 당시 대한민국 사법부는 청주지법의 하 판사와 같은 관점에서 A씨 비디오 불법 유출 사건을 보지 못했을까? 왜 엄중한 태도와 관점으로 사건을 해결하고 유출자인 가해자를 처벌하기 위한 노력을 꾀하지 못했을까? 그 이유는 피해자는 A 한 사람이지만, 가해자가 너무 많아 가해자 모두를 처벌하기가 두려웠던 것이 아닐까? A씨 비디오 불법 유출 사건의 1차 가해자는 비디오를 불법으로 유출한 사람, 2차 가해자는 선정적인 언론매체, 3차 가해자는 불법 유출 비디오를 몰래 함께 본 대한민국 국민이었기에 당시 대한민국 여론은 피해자를 가해자로 만들어버리고 사건을 종료했다는 생각이 든다. 이것이 20세기 말 집단관음증에 시달리던 대한민국 국민 모두가 참여한 마녀사냥이었던 것이다.

**여성에게 A씨 비디오 불법 유출 사건의 의미는?**

마녀사냥과도 같았던 A씨 비디오 불법 유출 사건에 대해 A와 같은 시대를 살았던 여성들은 어떻게 생각할까? 앞에서도 인터뷰 참여자로 많은 자료를 제공해준 28명의 여성들에게 A씨 비디오 유출 사건에 대한 생각을 묻고 그 결과를 분석해보았다.*

인터뷰 참여자들이 말하는 첫 번째 반응은 동정과 동감이 뒤얽혀 있는 감정이었다. 즉 당장 나에게 벌어진 일은 아니지만, 나도 당할 수 있는 일이라는 생각을 가지고 있었다. 남자친구와 함께한 아주 사적인 영상을 불법으로 유포한 책임자가 문제지, A의 잘못이 아니라는 점을 분명히 했다. 한편 언론매체의 주도로 A에게 쏟아진 비난 여론에 대한 안타까움과 분노를 드러냈다. L기업에서 5년간 일한 기혼녀 이연주는 이렇게 말한다.

> "첨에 난, '아니 그런 비디오를 왜 찍은 거야?' 하는 생각에 너무 화가 났고, '왜 그 비디오테이프를 제대로 간수하지 못했을까?' 하는 의문이 생기더라고요."

이연주는 같은 여자인 A에 대한 동병상련의 감정으로 인한 분노와 더불어 당시 일반적으로 A에 대해 궁금하게 생각했던 점을 질문하고 있다. 1999년 당시에는 연인 사이에 성관계하는 비디오를 제작하는 것이 보편적이지 않았는데, 그것을 찍었다는 것 그리고 찍었다면 제대로 간수라도 해야 할 텐데 그러지 못한 A도 잘못한 것이 아닌가 하는 생각이다.

---

* 이 내용은 저자의 박사학위 논문 "Sexual Harassment in Korean Organizations" Chapt.3 An Exploration of (hetero)sexuality and (hetero)sexual culture in Korea pp.157~165의 내용을 재구성하여 작성했다.

한편 비혼인 유현재와 기혼인 지민애는 비디오테이프를 유출하고 상업화하는 데 앞장선 사람들에게 문제 제기를 한다.

"A씨 비디오 봤어요. 그 사람이 연예인이라 정말 상처를 많이 받았을 것 같아요. 나는 정말 사람들이 왜 그녀를 욕하는지 모르겠어요. 그 사람 잘못 아닌데." -유현재

"정말 충격이었고 너무 화가 났어요. 어떻게 그 비디오테이프가 흘러나왔는지, 그거 돌린 사람들이 문제죠. 근데 지금은 A가 죄인이 됐잖아요. 완전 희생자죠." -지민애

그렇다. 지민애의 말처럼 남자친구와의 성관계 장면을 담은 비디오를 제작했다는 이유만으로 A를 죄인 취급하는 건 부당하다. 오히려 남의 사생활을 담은 비디오를 당사자의 동의 없이 불법으로 유통한 사람들이 문제이고 처벌받아야 하는 것이다. 하지만 한국 사회에서는 '결혼도 하지 않은 여자, 게다가 얼굴이 잘 알려진 연예인이 남자와 성관계를 했다'는 사실 하나만으로도 죄인으로 낙인찍힌다. 한국 사회에서는 결혼한 부부간의 성관계만이 합법적인 규범이기 때문이다. 그리고 특히 그 규범은 남성보다는 가부장의 순수한 혈통을 잇는 재생산 임무를 가진 여성에게 더 강하게 작동한다. 이러한 메커니즘에서 결혼하지 않은 A가 남자친구와 성관계를 했다는 것은 '나쁜 여자'로 낙인찍히기에 충분하다. 기혼이며 6년간 HS 기업에서 일한 조경미는 이렇게 말한다.

"그 비디오 봤어요. 첫 번째로 드는 생각은 어떻게 이 비디오가 유포 됐을까, 그게 제일 이상했고, 지금 A씨는 미국에 있잖아요. 내가 그녀라면 나도 그랬을 것 같아요. 그녀가 미국으로 도망칠 수밖에 없는 상황 정말 충분히 이해해요. 쉽지 않겠지만 그녀가 당당했으면 좋겠어요. 그건 정말 사생활이고 그 사람 잘못이 아니잖아요. 근데 죄인처럼 이 나라를 떠나야 하고 자기를 감추며 살잖아요. 정말 안타깝고 속상해요."

조경미는 마치 자기가 당한 일처럼 A의 상황을 몹시 안타까워했다. 그리고 A가 당당하게 자신의 잘못이 아님을 밝히고 세상 밖으로 나오기를 진심으로 바란다. 하지만 그 사건이 발생한 후 A가 자신의 모습을 다시 세상에 드러낸 것은 8년이 지난 2007년이었다.

한편 A씨 비디오 불법 유출 사건을 둘러싼 사회의 시선에 대해 인터뷰 참여자들은, A가 죄인이 아니라 희생자임을 그 비디오 내용을 분석하면서 주장하기도 했다. H기업에서 11년간 일한 비혼인 장부영은 이렇게 말한다.

"정말 A씨 불쌍해요. 그 비디오 장면을 보면 그녀가 얼마나 남자친구를 사랑하고 있는지 알 수 있는데, 남자친구는 어떻게 그럴 수 있는지? 결혼한 친구와 그 비디오를 같이 보았는데, 내 친구가 말하기를 '저 남자 정말 나쁜 남자 같아. A는 정말 저 남자 사랑해서 하라는 대로 다 하잖아. 근데 저 남자는 완전히 테크니컬한 데다 프로페셔널이야. 완전히 저 남자 A의 몸을 자유자재로 이용하는 것 같아. 정말 나빠."

장부영은 A가 남자친구에게 단순한 성적 대상으로 취급받았고, 따라서 A의 몸은 남성의 침해를 받은 것이며 결국 이용당했다고 생각한다. 특히 비혼인 본인보다 남성과의 성관계를 합법적으로 경험할 수 있는 결혼한 친구의 의견을 구체적인 근거로 들면서, 남성 주도적인 성관계에 의해 A의 몸이 얼마나 대상화되었는지를 강조한다. 그녀의 이런 분석에 나 역시 일정 부분 동의한다. 하지만 남성 주도적인, 즉 여성의 몸이 대상이 되는 성관계가 A씨 비디오에서만 볼 수 있는 건 아니다. 부부강간이 성립하는 것처럼 결혼한 부부간에도 '남성 주도적이며 여성의 몸이 대상화되는 성'은 남성 중심적인 이성애 관계일 경우 일반적으로 나타나는 문제로 지적된다.

여기서 주목하고 싶은 것은 '남성 주도의 성관계는 어디서 비롯되는 것일까?' 하는 질문이다. 불평등한 성관계는 남녀의 불평등한 사회관계에서 비롯되는 것이다. 성관계는 매우 사적인 것으로 여겨지며, 사회적 영향을 전혀 받지 않는 것처럼 포장되어왔다. 그러나 그건 허구다. 섹슈얼리티가 가장 정치적이라고 할 수 있는 이유는 남녀 간의 불평등한 사회관계가 성관계의 주요한 각본으로 녹아들어 있기 때문이다. 따라서 A씨 비디오에서 보이는 성관계는 한국 사회의 불평등한 사회적 관계가 남녀의 사적인 성관계의 정치학과 어떻게 연결되는지를 잘 보여주는 사례다.

마지막으로 A씨 비디오 유출 사건으로 우리가 간과하지 말아야 할 질문은 '당시 대한민국 국민 다수가 그 비디오를 봤다는 것은 무엇을 뜻하는 것일까?' '비난하면서 몰래 훔쳐보는 대한민국 국민 다수의 관음증은 어디서 비롯된 것일까?' 하는 것이다. 이에 대한 인터뷰 참여자들의 생각을 알아보았다. 기혼의 박현정은 이렇게 말한다.

> "과연 A씨를 비난할 수 있는 사람이 있나요? 그건 정말 그녀의 사생활인데, 사생활을 몰래 훔쳐보고 즐기면서 어떻게 그들을 대놓고 비난하는지?"

그렇다. 상식적인 생각과 사고를 가진 사람이라면 숨어서는 즐기고 겉으로는 비난하는 일은 분명 하지 않을 것이다. 앞뒤가 맞지 않는 일이기 때문이다. 그런데 한국인이 섹슈얼리티를 대하는 태도는 늘 그런 식이었다. 이는 바람직하지 않지만 늘 우리가 입어왔던, 이중 성규범이라는 잣대 때문이다. 그리 오래되지도 않은 유교 문화의 뿌리에서 비롯된, 즉 '성관계는 자녀 생산이나 생식을 위해서는 옳지만 즐기는 것은 바람직하지 않다'는 고루한 생각이 마치 선善이라고 여겨지는 문화가 1999년 당시에도 주요 담론으로 작용하고 있었기 때문이다. 이런 담론의 고루함과 앞뒤 없음에 문제를 제기하는 인터뷰 참여자들도 있다.

> "난 그냥 그 비디오 보면서 즐겼어요. 비디오를 불법으로 유통한 사람들은 잘못됐지만, 이미 사람들이 다 봤다고 하고 나도 어떤 건지 정말 궁금해서 보고 싶은 맘이 들어서 봤어요. 그 비디오 보는 것이

그렇게 나쁘다고 생각하지는 않아요. 근데 그 비디오를 보고 난 후 사람들의 반응이 더 문제죠. 난 사람들이 그 사건에 대해서 너무 민감하게 반응하지 않았으면 좋겠어요." -정순주

"나는 왜 사람들이 이 비디오테이프에 대해서 이러쿵저러쿵 말이 많은지 잘 이해가 안 돼요. 그건 정말 평범한 남녀 간의 성관계를 담은 내용이던데……. 근데 좀 걱정이 되는 건, 아무 가이드 없이 아이들이 그 비디오를 보면 어쩌나 하는 우려는 좀 돼요." -송은순

비혼인 정순주는 A씨 비디오를 보는 것을 상업적인 포르노그래피를 보는 것처럼 단순하게 생각한다. 남의 사생활을 담은 비디오를 불법 유출한 것은 잘못이지만, 이미 유출된 비디오를 사람들이 볼 권리는 있다는 생각이다. 물론 비디오를 본 후 A를 비난하는 것은 잘못이라고 여긴다. 그러나 그녀의 시각은 남성 중심 사회의 보편적 견해에 편승한 것으로 보이며, 불법으로 유출된 비디오를 일반 상업적인 포르노그래피로 규정하는 것에는 분명 문제가 있다.

한편 기혼인 송은순은 A씨 비디오를 아주 평범한 남녀의 성관계를 그린 영상으로 평가한다. 이는 장부영이 지적한 남성 주도의 관계로 A의 몸이 대상화되었다는 비판과 상반된다. 이와 같이 하나의 매체를 보면서도 사람들이 서로 다른 감정을 느끼고 다르게 평가를 하는 이유는 그들의 섹슈얼리티에 대한 생각, 경험, 정체성에 차이가 있기 때문일 것이다. 또한 자녀가 있는 송은순은 무차별로 유포되는 A씨 비디오가 아동이나 청소년

에게 미칠 영향을 우려하기도 했다. 그녀는 A씨 비디오를 평범한 남녀의 성생활을 묘사한 영상이라고 평가했는데, 왜 아이들이 볼까 봐 두려운 것일까? 성인이 아닌 아동과 청소년의 성 접근을 금기시하는 한국 사회의 보수적인 성문화 때문이기도 할 것이고, 정확한 가이드라인 없이 아동과 청소년이 성관계 영상을 몰래 훔쳐보면서 좋지 않은 영향을 받을까 걱정스럽기 때문이기도 할 것이다.

1999년에 있었던 A씨 비디오 유출 사건은 인간의 사생활을 불법으로 유통한 인권 침해 사건에 해당한다. 하지만 이 사건을 통해서 한국 사회의 독특한 성문화의 단면을 여실히 볼 수 있었다. 즉 사람들은 '공개적으로 성생활을 탐닉하는 것은 나쁘다'는 관점에서 A와 그녀의 남자친구를 비난했다. 동시에 그들은 불법 유출된 A씨 비디오를 숨어서 몰래 보면서 '남의 성생활을 엿봄으로써 즐거워하기도' 했다. 이러한 이중성은 성적으로 도덕적이고 보수적인 자신을 드러내고자 하는 욕망과, 억눌린 성을 표출하는 방식으로 남의 성을 엿보고자 하는 욕망이 충돌하는 지점으로 보인다.

A씨 비디오 불법 유출 사건 이후에도 여성 연예인의 사생활 관련 비디오 유출 사건은 끊이지 않았고 2014년 현재까지도 계속되고 있다. 가장 최근에는 젊은 여가수 L의 누드 사진이 인터넷에 유포되는 사건[58]이 있었다. L이 무명 시절 속옷 모델 오디션을 보기 위해 찍은 누드 사진이 미국의 한 웹 사이트에 게재된 것이다. 사건 직후 L은 본인의 사진임을 인정하고 이와 관련하여 불법 유출자에 대한 즉각적인 법적 대응을 했다. 그리고 A와 달리 L은 사건과 관련하여 활동을 중단하거나 숨지 않았다. 특히 이 사건은 L의 잘못이 아니라 남의 사생활을 담은 사진을 상업적인 목적으로

활용하고자 돈을 주고 사서 이를 유출한 인터넷 웹 사이트의 잘못임을 분명히 했다. 따라서 이 사건은 A씨 비디오 불법 유출 사건처럼 큰 파장 없이 마무리되었고, L에 대한 비난 여론도 그리 크지 않았다. 참 다행스러운 일이며, 당연한 결과다.

이는 15년의 세월이 흐르는 동안 사생활 침해에 대한 사람들의 의식이 많이 변했다는 것, 그리고 이중적인 성규범 문화도 조금씩 변하고 있음을 말해주는 긍정적인 신호가 아닐까. 하지만 달라지지 않은 것도 있다. 15년이 흘렀어도 남의 사생활을 훔쳐보며 즐기는 문화는 여전하다는 것이다. 어쩌면 돈이 되면 무엇이든 상품화하고 돈벌이로 이용하는 소비문화가 보편화되어 L에게 관대해진 면도 있을지 모른다. 즉 L이 사적으로 성을 즐기기 위해서가 아니라, 모델로서 일하기 위해 찍은 누드 사진이기 때문에 그녀를 동정하고 이해하는 분위기가 형성된 것일 수도 있겠다는 생각이 들어 기분이 영 개운치는 않다.

# 죽음을 부르는 성상납·성접대
## 고 장자연 사건과 전 법무부 차관 사건의 연결고리는?

한국 사회에서 슈퍼 갑이 연루된 위험한 섹슈얼리티 정치학의 또 다른 단면은 '성상납과 성접대'다. 성을 접대받는 사람은 주로 고위 공직자를 포함한 사회 고위층 인사들이다. 한편 언론을 통해 이따금 접하는 성상납 피해자는 대개 공인으로 지칭되는 여성 연예인이다. 공공연한 성상납은 권력과 인간의 성이 어떻게 정치적으로 연결되는지 첨예하게 드러내보인다. 성을 도구화한다는 것은 분명 불법이지만, 이와 관련된 사건이 제대로 밝혀지지 않고 늘 묻히는 걸 보더라도 권력관계의 높고 낮음의 문제가 어떻게 인간의 사적인 성을 구속하는지를 잘 알 수 있다.

고 장자연 사건을 영화화한 〈노리개〉[59]를 통해서도 알 수 있듯이, 은밀한 거래로 이루어지는 여성 연예인의 성상납은 연예 기획사로서는 좀 더 나은 이익을 취하기 위한 전략으로 활용된다. 또한 2013년 3월 전 법무부 차관 김학의 성접대 사건도 사회적으로 화제가 되었다. 피해자들의 증언과 관련 동영상에 대한 경찰 수사 결과 특수강간 혐의로 검찰 기소를 요청했으나, 대한민국 검찰은 기소조차 하지 않고 관련 사건을 무혐의 처리했다.

여기서 우리는 성상납·성접대가 자본주의 사회에서 일종의 갑과 을 간의 계약이며, 과연 동의에 의한 것인지를 묻게 된다. 성상납·성접대가 동의에 의한 것이 아니라 위력에 의해 강요된 것이라면 그것은 다름 아닌 성폭력이다. 그럼에도 지금까지 한국 사회에서 성상납·성접대를 받은 사람들은 처벌받지 않았다. 따라서 성상납·성접대를 둘러싼 권력관계를 분석하는 작업은 한국 사회에 존재하는 슈퍼 갑의 위험한 섹슈얼리티의 핵심을 드러내는 일일 것이다.

이번 장에서는 고 장자연 사건이 우리에게 어떤 숙제를 남겼는지 살펴보고, 다음으로 전 김학의 법무부 차관의 성접대 사건 전말과 무혐의 처리 등에 대한 분석을 통해 현재 진행 중인 위험한 섹슈얼리티의 현실을 보여주고자 한다.


## 영화 〈노리개〉와 장자연법, 그녀가 우리에게 남긴 것

2009년 3월 7일 장자연이라는 여배우가 자살했다. 그녀는 당시 인기 드라마 〈꽃보다 남자〉에 조연으로 출연한 배우였다. 사건 발생 당시 이름만 들어서는 '장자연이 누구지?' 하는 사람들이 대부분이었다. 하지만 그녀의 유서가 공개되면서 이 사건은 단순한 여배우 자살 사건이 아니라 '성상납 강요에 의한 여배우 자살 사건'으로 사람들의 머릿속에 기억되었다. 유서를 토대로 유족들은 장자연의 소속사 사장과 그녀의 유서에 적힌 성상납을 받은 유명 언론사 사장, 정치인, 영화감독, 드라마 PD 등 여성 연예인에게는 슈퍼 갑에 해당하는 권력자들을 고소했다. 하지만 검찰은 증거 불충분으로 이들을 기소조차 하지 않았다. 다만 장자연의 소속사 대표 김○○이 2008년 6월 회사 사무실에서 장자연을 방에 가두고 손과 페트병으로 수차례 때린 혐의만을 인정해 징역 4월과 집행유예 1년을 선고했고, 얼마 후 대법원은 원심 판결대로 형을 확정[60]함으로써 장자연 사건의 법적인 공방은 마무리되었다.

그렇다면 장자연의 유서는 진실이 아닌 걸까? 이 사건이 발생한 직후인 2009년 4월 한국예술인노동조합은 조합원을 대상으로 인권 침해 실태조사[61]를 벌였다. 노조 관계자는 제2, 제3의 장자연 사건을 막기 위해서라고 조사의 취지를 밝혔다. 조사 결과 성상납 강요를 직접 받았다는 사례는 응답자 중 19.1퍼센트였고, 접대 강요를 받은 적이 있다는 피해 사례는 34.4퍼센트, 그리고 금품 요구가 42.6퍼센트였으며, 폭언 및 폭행을 당한 경험은 9.8퍼센트였다. 실태조사와 함께 진행된 심층 면접조사에서, 고등학교 시절 잡지 모델로 데뷔한 C는 자신이 겪은 성접대 강요 경험을 구체적으로 밝혔다.

"첫 소속사 사장은 '내가 널 뭘 믿고 밀어주느냐'며 자기의 애인이 되어달라고 했다. 40대 사장은 고등학생 신인 배우에게 성상납을 집요하게 요구했다. C가 거절하자 소속사는 그녀에게 일을 주지 않았다. 계약 기간 2년 동안 C는 아무 일도 할 수 없었다. C는 이후 세 곳의 소속사를 거쳤지만, 모두 그녀에게 부당한 요구를 했다. 두 번째 소속사는 유명 스타도 소속된 중견 업체였다. 그곳에선 매니저가 나서서 스폰서를 제안했다. C가 한 드라마에 캐스팅돼 미팅까지 마친 상황에서 매니저가 '영화사 임원 하나가 널 보고 마음에 든다면서 개인적으로 보자고 한다'고 말했다. 왜 그 사람을 만나야 하느냐고 따지자 매니저는 '그렇게 안 하면 일 못한다'고 협박했다. 결국 C는 스폰서 제안을 거절했고, 미팅까지 마친 드라마에선 그의 배역이 사라졌다."

C의 첫 소속사 사장의 "내가 널 뭘 믿고 밀어주느냐"라는 말에서 '여배우의 재능은 무엇으로 평가되는가?' 하는 의문을 갖게 된다. '뭘 믿고 밀어주느냐'라니? 당연히 배우의 연기력이 캐스팅에 가장 중요한 기준이 아닌가? 작품에 캐스팅되기 위해서 수많은 신인 배우들이 오디션에 도전한다. 그런 공개적인 평가 방식이 있는데, 왜 여배우는 자신의 몸과 성을 매개로 일할 기회를 얻도록 강요받는가? C와 비슷한 경험을 한 신인 여배우 D의 경험에서 연예계의 성접대가 어떤 방식으로 이루어지며, 거부했을 때는 어떤 대가를 치러야 하는지 분명히 알 수 있다.

"유명 여배우와 같은 소속사에 들어간 신인배우 D는 접대 요구에 순진하게 응했다가 곤욕을 치렀다. 드라마 출연을 위해 얼굴도 익힐 겸 감독과 술자리를 하자는 소속사의 연락을 받고 나간 자리였다. 소속사와 드라마 제작자 등은 D에게 지속적으로 술을 강요했다. 그러다가 같이 춤을 추자며 껴안았다. D는 도망쳤다. 다음 날 소속사는 화를 내며 '계약금을 세 배로 물어내라'고 요구했다. 당시 충격을 받은 D는 지금까지 별다른 연기 활동을 하지 않고 있다."

이런 경험은 C와 D의 경험만이 아니다. 한국예술인노동조합 실태조사 결과에서 응답자의 62.3퍼센트가 "성상납을 비롯한 각종 부당한 요구를 거절했다가 캐스팅 불이익을 받았다"라고 응답했다. 경쟁이 치열한 연예계에서 '캐스팅 불이익'은 가장 효과적으로 연예인의 발목을 잡는다. 배우로 성공하고자 하는 여성 연예인에게 캐스팅 권한을 가진 슈퍼 갑의 요구가 부당한 성상납·성접대라는 것은 연예계의 공공연한 사실이다.

장자연의 희생으로 만들어진 재미있는 움직임은 관련 법 제정이었다. 하지만 성상납을 받는 가장 대표적인 주체인 정치인들이 이런 법을 만든다는 것에 별 감흥이 없을 뿐 아니라, 검찰은 장자연의 성상납으로 인한 자살을 인정하지도 않았는데 법 제정을 하면 과연 효과는 있는 것일까 하는 강한 의문이 들었다. 그럼에도 일명 '장자연법', 즉 '대중문화예술산업발전지원법'이 2013년 12월 31일 국회를 통과했다. 그리고 2014년 1월 28일 자로 '대중문화예술산업발전법'이라는 명칭으로 새로운 법이 제정되었다. 법안을 살펴보면 대중문화예술 종사자의 인권 보장을 위해 꼭 필요한 사항이 나열되어 있다. 그런데 이 법이 '장자연법'이라고 하기엔 좀 미흡한데, 전체 법안 중 극히 일부에 해당하는 제16조 금지행위와 제39조 벌칙만이 관련 내용일 뿐이기 때문이다.[62]

### 제16조(금지행위)

① 대중문화예술사업자 또는 대중문화예술제작물 스태프는 그 직위를 이용하여 대중문화예술인에게 대중문화예술 용역과 관련된 이익의 제공이나 약속 또는 불이익의 위협을 통하여 '성매매 알선 등 행위의 처벌에 관한 법률' 제2조 제1항 제1호 각 목의 어느 하나에 해당하는 행위를 알선·권유 또는 유인하는 행위를 하여서는 아니 된다.

② 대중문화예술사업자 또는 대중문화예술제작물 스태프는 업무 관계에서 폭행이나 협박으로 대중문화예술인에게 '성매매 알선 등 행위의 처벌에 관한 법률' 제2조 제1항 제1호 각 목의 어느 하나에 해당하는 행위를 강요하여서는 아니 된다.

### 제39조(벌칙)

① 제20조 제1항을 위반하여 청소년 대중문화예술인에게 '아동·청소년의 성 보호에 관한 법률' 제2조 제4호 각 목의 어느 하나에 해당하는 행위를 하게 한 자는 5년 이상의 유기징역에 처한다.

② 제16조 제2항을 위반하여 '성매매 알선 등 행위의 처벌에 관한 법률' 제2조 제1항 제1호 각 목의 어느 하나에 해당하는 행위를 강요한 자는 10년 이하의 징역 또는 1억 원 이하의 벌금에 처한다.

③ 제16조 제1항을 위반하여 '성매매 알선 등 행위의 처벌에 관한 법률' 제2조 제1항 제1호 각 목의 어느 하나에 해당하는 행위를 알선·권유 또는 유인한 자는 3년 이하의 징역 또는 3000만 원 이하의 벌금에 처한다.


법 전문가는 아니지만 법안의 내용을 살펴보면 기존에 있던 '성매매 알선 등 행위의 처벌에 관한 법률'과 '아동·청소년의 성 보호에 관한 법률'의 주요 내용에 근거해서 관련 금지행위와 벌칙이 정해져 있다. 분명 기존 관련법에서도 금지나 처벌이 가능하지만 이렇듯 '대중문화예술산업 발전법'에서 다시 한 번 강조한 것은 대중문화예술산업에서 이러한 사건이 발생할 여지가 높다는 점을 반증한다. 또한 법은 존재하되 실효성이 없는 법이라는 점을 함의한다는 점에서 뒷맛이 영 씁쓸한 법 제정이다. 그럼에도 법이 제정된다는 것은 관련 희생자들의 문제 제기가 있었다는 것이고, 실제 법을 효율적으로 활용하기 어렵다 하더라도 법 제정이 갖는 상징성이 있다는 점에서 최소한의 보호막은 되어주면 좋겠다는 기대를 하게 된다.

장자연 사건의 부채에서 벗어나기 위한 마지막 시도는 그 사건을 소재로 〈노리개〉라는 영화가 제작되었다는 점이다. 영화에 대한 평론을 할 생각은 없다. 내 전문 영역도 아닐뿐더러 여기서 말하고자 하는 핵심도 아니기 때문이다. 다만 '성상납 문제를 전면에 내세운 영화 제작이 어떻게 가능했는가?' 그리고 '이 영화가 갖는 의미'에 대해서 간단히 분석해보려고 한다.

장자연이 사망한 지 4년 뒤인 2013년 4월 〈노리개〉는 독립영화 감독 출신인 최승호 감독의 첫 상업영화 데뷔작으로 개봉되었다. 최승호 감독은 인터뷰에서 "장자연 사건이 모티브가 되긴 했지만 픽션"[63]이라는 점을 강조했다. 하지만 영화의 전체적인 스토리, 농락당하는 현실에 괴로워하다 스스로 목숨을 끊는 여성 연예인을 비롯해 그녀를 노리개로 삼는 언론사 사주, 접대를 강요하는 연예기획사 대표, 사실을 증언하는 또 다른 여성, 영화감독, 매니저 등이 등장한다는 점에서 장자연 사건을 떠올리지 않고 이 영화를 보기는 힘들다. 이미 다 알고 있는 소재를 영화로 만든 감독의 생각은 무엇이었을까?

"장자연 씨 사건에 관한 공판 결과를 듣게 됐는데 상식적으로 말도 안 된다는 생각을 했죠 (……) 제가 대학에서 법학을 전공했거든요. 국민적 법 감정이나 상식과는 거리가 먼 결과라는 생각에 수원지법에서 열렸던 2심 선고 공판을 참관했습니다. 장자연 씨에게 술과 성접대를 강요한 의혹을 받은 소속사 대표는 페트병으로 몇 대 때린 폭행행위만 인정돼 적은 형량을 받았고, 오히려 피해 상황이 적힌 문건을 공개한 전 매니저는 1심과 똑같은 형량을 받더군요. 언론계·재계·연예계 인사들은 제대로 조사도 받지 않았거나 무혐의 처분됐고요. 그 과정을 지켜보면서 이 영화를 만들어야겠다는 마음을 굳혔습니다. 해야 한다는 확신을 얻을 수 있었죠."[64]

최승호 감독이 이 영화를 만들겠다고 결심한 가장 큰 이유는 '죽은 사람만 억울한 사건'이 되었기 때문이다. 언론계·재계·연예계의 힘 있는 사람들은 전혀 책임을 지지 않는 정의롭지 못한 사회에 대해 문제 제기를 하고 싶었던 법학도의 마음도 있었다고 했다. 그래서 그는 이 영화를 15세 관람가 확장판으로도 제작하여 청소년이 이 영화를 볼 수 있게 무던히도 애를 썼다. 흥행 때문이 아니라, 막연하게 연예인이 되겠다는 꿈을 가진 청소년이 꼭 봤으면 하는 바람에서였다는 것이다.

"사실 내용이나 표현에 있어 15세 관람가로 만들기 쉽지 않은 영화인데 의도는 딱 하나예요. 요즘 어린 친구들이 가장 선호하는 직업이 연예인이잖아요. 하지만 잘 알지 못하는 상황에서 잘못된 선택을 하는 경우가 상당해요. 분명 문제가 생길 소지가 다분한데도 나를 이끌어줬다는 이유로 무조건 요구를 따른다거나 강요를 받아들이는 거죠. 그런 어린 연예계 지망생들에게 '이러한 현실도 있다'는 것을 보여줄 필요도 있다는 생각을 했습니다."

그렇다! 최승호 감독의 말처럼 영화 〈노리개〉가 장자연 사건을 얼마나 사실에 가깝게 다루었는지의 여부가 중요한 것이 아니다. 감독이 이 영화를 통해 전달하고자 하는 메시지가 대중에게 잘 전달된다면 그것으로 영화가 해야 할 몫은 다한 것이다. 연예계에서 일한다는 것이 어떤 현실로 다가올 수 있는지 그 다양한 가능성을 청소년이 정확히 인식하는 것은 중요한 일이다. 이 영화를 통해 연예계의 실상을 인식했음에도 '나는 그 일을 선택하겠다. 그리고 난 그런 어려움을 현명하게 극복할 만한 힘을 비축하겠다'는 다짐을 청소년에게 줄 수 있는 영화라면 이 얼마나 고마운 일인가.

장자연과 같은 희생자를 다시 만들지 않기 위해서 법이 제정되기도 하고 영화가 만들어지기도 했다. 그럼에도 안타까운 것은 지금도 대중문화예술계에서는 성을 매개로 한 접대와 인권 침해가 여전하다는 사실이다. 이는 힘없는 여성과 권력을 가진 남성의 권력관계 문제이기도 하지만, 자본주의 대중소비문화 사회에서 공인이라는 지위를 갖기 위해서는 이름을 알려야만 하기에 그러기 위해 뭐든 해야만 하는 논리와도 맞닿아 있다. 그러나 '이름을 알리기 위해서 뭐든 해야 한다'는 목표 아래 자의 반 타의 반으로 선택했던 행동이 자신의 발목을 잡는 덫이 될 때, 그들 앞에 놓인 선택지는 절망이다. 그래서 〈노리개〉에서 주인공이 언론사 사주에게 가혹한 성적 학대를 당하면서도 "내 이름은 정지희입니다"를 목 놓아 처절하게 외치던 장면이 뇌리에서 잊히지 않는다. 사회적·금전적 권한을 도가 지나칠 정도로 부여받은 슈퍼 갑 남성이 여성을 노리개로 삼는 성적 폭력 행위에 대해 단호한 처벌과 응징이 없는 한, 제2의 장자연 사건은 여전히 일어난다는 사실을 잊지 말아야 한다.

# 전 법무부 차관의 특수강간 범죄가 어떻게 무혐의인가?

2013년 3월 21일, 취임 후 일주일이 된 법무부 차관 김학의가 건설업자로부터 성접대를 받았다는 의혹과 더불어 경찰이 내사가 아닌 본격 공개수사를 한다는 내용이 언론을 통해 보도됐다. 사건이 공개되자 당사자인 김학의 법무부 차관은 바로 사표를 제출했다. 일선에서는 취임 후 일주일도 안 되어 불거질 문제를 미리 검증하지 못한 것에 대한 아쉬움의 목소리가 컸다는 보도[65]도 나왔다. 언론의 보도를 보면 여전히 사건 피해자가 누군지, 왜 그런 일이 일어났는지에 대한 관심은 없고, 막 취임한 여성 대통령의 통치에 누가 될까 봐 전전긍긍하는 내용뿐이다.

사건의 전말은 이렇다. 2012년 11월 사업가 권씨는 성접대를 주도했던 건설업자 윤중천을 성폭력 혐의로 고소했다. 윤씨와 채무 관계에 있던 권씨가 "윤씨가 나를 성폭력하면서 동영상을 찍어 협박했다"라며 서초경찰서에 고소하는 일[66]이 벌어진 것이다. 이 일을 시작으로 별장 성접대 사건의 전모가 드러났다. 사건 보도 후 김학의 차관은 사표를 제출했으며, 5개월에 걸친 경찰 수사로 2013년 7월 19일 김학의 전 차관과 건설업자 윤중천은 특수강간 혐의로 검찰에 송치됐다. 경찰청 특수수사과는 "김 전 차관과 건설업자 윤씨를 성폭력 범죄의 처벌 및 피해자 보호 등에 관한 법률 위반(특수강간 혐의) 등으로 기소 의견 송치했다"[67]라고 발표했다. 특수강간으로 두 사람의 기소가 가능했던 이유는 피해 여성 두 명이 김학의 전 차관과 건설업자 윤씨가 그녀들의 동의 없이 집단으로 성폭행했다는 진술을 했으며, 동영상에 등장한 남자가 김학의 전 차관과 건설업자 윤씨임을 확인했기 때문이라고 설명했다. 하지만 2013년 11월 11일 검찰은 김학의 전 차관의 특수강간죄를 무혐의 처리했다. 검찰의 주장은 다음과 같다.

"서울중앙지검 강력부는 '김 전 차관이 건설업자 윤중천 씨와 공모해 접대 여성을 합동으로 강간하고 카메라로 이를 촬영한 혐의를 수사한 결과 혐의가 인정되지 않아 불기소 처분했다'라고 밝혔다. 경찰이 확보한 이른바 성접대 동영상에 대해서는 등장인물이 누구인지 신원을 특정할 수 없는 데다 범죄 혐의와 연관성이 없다며 증거 능력을 인정하지 않았다. 또 피해 여성이 당초 윤씨와 김 전 차관이 합동으로 강간하고 윤씨가 이를 카메라 등을 이용해 촬영했다고 주장했지만, 검찰은 이들이 윤씨로부터 경제적인 도움을 받거나 수년간 지속적으로 연락을 해왔다는 점을 들어 진술의 신빙성이 떨어진다고 판단했다. 검찰은 건설업자 윤씨에 대해서는 사기, 개인정보보호법위반, 경매 방해, 협박, 명예훼손, 배임 증재 등의 혐의를 적용해 추가 기소했다."[68]

검찰이 불기소 처분한 이유는 성폭력 피해 여성이 가해자 윤씨와 서로 아는 사이이며 지속적으로 연락을 해왔다는 점 때문에 성폭력의 피해 진술을 인정할 수 없다는 것이었다. 이는 기본적으로 성폭력 피해 사건 수사의 원칙조차 지키지 못하는 것 아닌가? 이것이 검찰의 입장이라고 한다면 친아버지에게 9년 동안 성폭력을 당한 은수연*과 같은 친족 성폭력 피해 사건이나 부부강간, 데이트 성폭력 등은 검찰 기소조차 꿈도 꾸지 못할 것이다. 하지만 지인에 의한 성폭력 피해가 81.2퍼센트[69]라는 조사 결과가 있는데도 이런 판단을 내리는 검찰의 수사 결과에는 누구도 동의하지 못할 것이다. 그런데 검찰이 성폭력 범죄 수사의 기본적인 관점을 견지하지 않고 이 사건을 무혐의로 처리한 이유는 무엇일까? 그것은 이 사건의 경찰 수사에 관여했던 익명의 경찰관 인터뷰 내용을 통해 알 수 있다.

> "검찰이 적극적으로 수사를 하지 않은 것 같다. 경찰에서 기소 의견을 내 송치하면 어느 정도 받아들여지는 것이 보통인데, 혐의 입증이 됐다고 생각한 건에 대해서도 인정하지 않아 전형적인 제 식구 감싸기라는 느낌이 든다."[70]

경찰 수사를 통해 윤중천과 김학의는 특수강간 혐의가 입증되었다. 하지만 검찰은 제대로 된 수사 없이 무혐의로 처리하고 말았다. 이는 수사의 기본 관점조차 지키지 못했다는 비난을 받게 된다 하더라도 제 식구, 즉 검사 출신의 김학의 전 차관을 무조건 보호하겠다는 의지를 표명한 결과라고 할 수 있다. 역시 대한민국 검찰의 권력은 막강했으나 정의롭지 못했다. 이런 결과를 받은 피해 여성은 어떤 심정이었을까? 검찰의 무혐의 처리 결과에 대해서 피해 여성 A는 2013년 11월 청와대에서 운영하는 국민 신문고에 탄원서를 제출했다.

---

\* 은수연(가명)은 자신의 친부로부터 9년 동안 성폭력을 당한 경험과 치유 과정을 담은 책 《눈물도 빛을 만나면 반짝인다》를 통해서 지인으로부터 당한 성폭력이 얼마나 고통스러운지를 정확히 전달해준다. 은수연은 2013년 한국여성단체연합이 선정한 올해의 여성상을 수상했다.

"너무 억울하고 더 이상 잃을 것도 없고 죽음의 길을 선택하기 전 마지막이라는 마음으로 한을 풀고 싶다. (……) 힘없고 백 없는 저는 권력의 힘, 저를 개처럼 부린 김학의와 윤중천의 힘으로 어디 하소연 한번 못하고 숨어 살다 세상이 떠들썩해지면서 피해자로 등장했다. (……) 어머니는 그 당시 윤중천의 협박과 무시무시한 힘자랑에 딸의 억울함을 하소연도 한번 못하고 그 추잡함을 알아버리고 저와 인연을 끊었다. (……) 범죄 앞에선 협박도 폭력도 권력도 용서되지 않는다는 것을 국민들 앞에 보여달라."[71]

이에 청와대는 검찰의 재수사 검토를 지시했으나, 이미 무혐의 처리된 검사 출신의 전 법무부 차관 김학의를 처벌할 가능성은 그리 높아 보이지 않는다. 언론에서는 최고권력자인 대통령의 측근이기 때문에 김학의 전 차관이 무혐의 처리된 것 아닌가 하는 의심을 품기에까지 이르렀으며,[72] 세간에는 이 사건의 여론 집중을 막기 위해 여성 가수 누드 사진 유출 파문까지 만들어냈다는 의혹까지 생겨났다.[73] 사람들의 이러한 의혹이 정말 사실이라면 대한민국 검찰은 자신들의 권력을 악용하고 남용하는 것도 모자라 여론을 호도하고 분산하기 위해서 여성 연예인에게 미칠 또다른 피해까지 조장한 파렴치한 조직일 뿐이다. 박근혜 정부는 국정 핵심 과제로 '4대 악(성폭력·가정폭력·학교폭력·불량식품) 근절'을 외친 바 있다. 그런데 어찌 현 대통령의 측근이라는 이유로 엄연한 특수강간 사건을 무혐의 처리하는 검찰을 가만히 쳐다만 보고 있단 말인가? 4대 악 근절을 위한 노력은 힘없는 국민만 하면 되는 것인가?

김학의 전 차관의 무혐의 결과에 대해서 여성들은 어떤 목소리를 낼까?[74]

"세상을 그렇게 떠들썩하게 했고 온 나라가 경악했던 사건인데, 제대로 된 증거가 아니라고 하니 당황스럽다." - 박영미(47세, 회사원)

"검찰이 피해자의 진술에 일관성이 없었다고 하는데, 이렇게 된다면 앞으로 성폭력 피해 여성이 피해를 이야기할 때 움츠러들게 될 것······. 성적으로 방탕한 남성의 관행에 제동을 걸 기회를 잃었다."
- 이미람(32세, 자영업자)

"성폭력 사건에서는 피해자의 진술 외에 다른 증거가 없는 경우가 많아 피해자의 진술이 굉장히 중요한 증거가 된다. 법정에서 다뤄볼 여지도 없이 검찰이 무혐의 처분을 내린 것은 검찰의 수사 의지를 의심할 수밖에 없게 만든다. (······) 앞으로 유사한 사건의 재발 방지 차원에서 굉장히 나쁜 선례를 남긴 것이며, 검찰이 적어도 기소할 수 있을 만큼의 노력은 기울였어야 했다." - 백미순(한국성폭력상담소 소장)

4대 악 근절을 간절히 바라는 힘없는 일반 국민은 권력자의 특수강간 성폭력 사건에 대해 검찰이 기소조차 하지 않는 무혐의 결과를 보면서 성폭력 가해자에게도 '유전무죄, 무전유죄'가 적용되고 있음을 확인했다. 특히 가장 우려스러운 점은 유사 사건이 발생한다 하더라도 처벌하기 힘든 선례를 만들었다는 것이다. 게다가 권력자들이 관련된 사건이기에 이미 언론을 통해 사건의 전모가 공개되었는데, 무혐의 처리가 됐다는 것은 잠재적 가해자들에게 '그래, 이런 범죄를 저질러도 괜찮네?' 하는 생각을 유포하게 될 것이다. 그리고 잠재적 피해자들에게는 '내가 이런 피해를 당하게 되더라도 경찰이나 검찰은 해줄 게 없겠구나. 특히 가해자가 권력자라면 내 피해 사실이 왜곡되겠구나' 하는 절망을 안겨줄 것이다. 따라서 슈퍼 갑의 성폭력에 대한 솜방망이 처벌이 성폭력을 조장하고 묵인하는 사회를 만드는 데 크게 일조한다고 주장한다면 논리 비약일까? 그렇지 않다. 세상을 떠들썩하게 했던 사건들이 용두사미 격으로 마무리되어 잠재적 피해자는 무기력해지는데 잠재적 가해자는 안도의 한숨을 내쉬게 된다면, 방탕하고 은밀한 성접대·성상납을 받기 위해 권력을 가져야겠다는 욕심을 가슴속 깊이 품을 잠재적 가해자가 재생산되지 말란 법이 없다. 이를 방증하는 사건이 불과 얼마 전 또 발생했다. 대한민국 검사들의 성추행은 계속되고 있다.

"이진한 전 서울중앙지검 2차장 검사는 2013년 송년회 자리에서 여성 기자 여러 명에게 성폭력을 가했지만, 대검찰청 감찰본부는 감찰본부장 경고라는 면피용 처분을 내렸다."[75]

"법무부는 검찰 직원과 동료 검사에게 부적절한 신체 접촉을 한 광주지검 목포지청 ㄱ검사에게 감봉 1개월 처분을 내렸다고 13일 관보를 통해 공개했다. 검찰 설명을 종합하면, ㄱ검사는 지난해 10월께

검사실 회식 중 검사 직무대리 실무 수습 중인 여성에게 부적절한 신체 접촉을 했다. 다른 자리에서는 동료 여검사에게 입을 맞추기도 했고, 이후 해당 여검사와 다른 일로 실랑이를 벌이다 찰과상을 입히기도 했다. 대검찰청 감찰본부(본부장 이준호)는 광주지검으로부터 이런 사실을 보고받고 감찰을 벌인 뒤 지난해 12월 16일 법무부에 경징계 의견으로 ㄱ검사의 징계를 청구했다. 법무부는 감봉 1개월로 최종 결론을 내렸다."[76]

대한민국 검사가 유독 성추행 가해자로 자주 등장하는 이유는 무엇일까? 그들이 슈퍼 갑 중의 최고 갑이어서인가? 2010년 MBC 〈PD 수첩〉이 방영한 '검사와 스폰서'라는 프로그램이 기억난다. 이 방송이 전달하고자 하는 핵심은 대한민국 검사는 공무원이라 박봉에 시달리지만, 정재계를 막론하고 권력자를 수사하고 벌주는 일을 하기 때문에 권력자들에게서 엄청난 뒷돈 혹은 혜택을 받는다는 것이었다. 그리고 그들이 받는 성상납·성접대의 실상을 적나라하게 보여주고 스폰서를 받는 검사들의 목록이 만천하에 공개되기도 했다. 그 후 검사들은 자정을 위한 노력을 한다고 했으나 하는 척만 했을 뿐 변한 것은 없었다. 검찰 권력의 메커니즘이 바뀌지 않는 한 김학의, 이진한 같은 검사가 판을 치는 한국 사회의 위험한 섹슈얼리티 정치학은 계속 재생산될 것이며, 그 피해자는 아시아 최초의 여성 대통령이 당선된 대한민국에서 숨죽인 채 살아가야 할 것이다.

# 침묵하는 피해자와 당당한 가해자
## 성희롱·성상납·성매매 정치학은 정말 다른가?

익명에 의한 성폭력 사건과 달리 일상에서 만나는 권력자에 의한 성희롱·성상납 피해자는 벙어리 냉가슴을 앓고 있다. 대한민국의 법 테두리에서 그들은 피해자가 분명하고 가해자가 누군지도 알고 있다. 그런데도 그들이 침묵하는 이유는 무엇 때문일까? 참다못해 힘겹게 목소리를 내서 피해 사실을 밝힌다고 해도 그들에게 돌아오는 건 가해자 처벌이 아닌, 피해자인 자신들의 일자리 박탈과 주변의 따가운 시선 등이라는 사실을 알고 있기 때문이다.

"사장님! 저희의 억울한 사정을 귀담아들어주세요. 저희 이제는 그만 울고 싶습니다. 제발 저희의 아픔을 외면하지 말아주세요! 저희가 다시 예전처럼 열심히 일할 수 있도록 저희의 억울함을 풀어주세요! 고통스러운 폭력 행위를 멈춰주세요! 저희가 다시 일터로 돌아가 편안하게 생활할 수 있도록, 그리고 이러한 성희롱 사건이 다시는 우리 회사에서 일어나지 않도록 사장님께서 제대로 방안을 마련해주세요! 사장님의 신속한 답변을 간곡히 요청합니다."[77]

이 내용은 르노삼성자동차에서 10년간 일했던 김미정(가명)이 본인의 성희롱 피해 사실을 회사 측에 공식적으로 문제 제기했다는 이유로 그녀와 그녀의 동료에게 보복성 정직 처분이 내려지자 자신들의 심정을 담아 회사 측에 보낸 편지의 일부다. 가해자는 가벼운 처벌만 받은 후 다른 부서로 이동해 직장생활을 잘 유지하고 있는 반면, 성희롱 피해자와 이를 증언한 조력자는 정직 처분으로 회사에서 쫓겨난 상태였다. 이것이 바로 한국 사회의 성희롱 피해자와 가해자가 사건 공개 이후 맞게 되는 현실이다. 과연 무엇이 어디서부터 잘못되었기에 법 제정 15년이 흐른 지금, 그리고 성희롱 의무 예방교육을 실시한 지 10년이 흐른 2014년 오늘에도 우리는 똑같은 현실을 맞아야 하는 것인가?

## '성희롱' 명칭이 갖는 한계: 첫 단추부터 잘못 끼워졌다!

우리는 언제부터 성희롱sexual harassment이라는 말을 사용하기 시작했을까? 영어권 국가에서 성폭력, 즉 'sexual violence'와 구분해 'sexual harassment'를 사용한 것은 1970년대 중반부터다. 새로운 명칭이 생기기 전까지는 'sexual violence in organizations'를 사용했다. 이는 조직 내에서 위계 권력을 가진 자가 권력을 가지지 못한 자에게 반복적이고 일상적으로 원치 않는 성적 접근을 하여 피해를 주는 행위라는 뜻이다. 한편 이러한 명칭이 보편화되기 시작한 이유는 여성이 공적인 조직에 참여하는 비율이 높아졌기 때문이며, 아울러 여성 인권단체가 여성의 성적 권리를 위해 적극적으로 캠페인을 펼친 덕분이다.[78]

한국에서 '직장 내 성폭력'이라는 말 대신 '성희롱'이라는 명칭을 제기한 시점은 1990년대 초반이다. 서울대 조교 성희롱 사건이 사회적으로 화제가 되면서 당시 성희롱이라는 명칭을 둘러싼 논란도 일어났다. 우리말에서 '희롱'의 뜻은 '①말이나 행동으로 실없이 놀림, ②손아귀에 넣고 제멋대로 가지고 놂, ③서로 즐기며 놀리거나 놂. 유의어로 농지거리, 농락, 장난'[79]으로 정의한다. 특히 ③의 뜻이라고 한다면 성희롱은 성적으로 서로 즐기며 놀리거나 논다는 의미를 갖게 된다. 하물며 유의어에서 농지거리, 장난이라는 의미로 사용되기도 한다는 점을 당시 여성학자들이 문제로 제기했다. 1992년 여성학에서 최초로 성희롱을 주제로 학위논문을 쓰고 있던 나 역시 성희롱이라는 명칭을 어떻게든 바꿔보려고 노력했다. 하지만 언어는 사회성을 갖기 때문에 이러한 명칭을 바꾸기는 쉽지 않았다.

이렇게 장황하게 성희롱 명명의 역사를 말하는 이유는 이러한 명칭이 가지는 한계점이 20년이 지난 지금도 여전히 유효하게 작용하기 때문이다. 성희롱 가해자는 성희롱 행위가 발각되고 나면 종종 제일 먼저 "그냥 아무 생각 없이 장난친 거다. 그리고 피해 당사자도 함께 즐겼다"라고 말하는데, 따라서 단둘이 있을 때 발생하는 성희롱의 명백한 물적 증거가 없을 경우, 힘 있는 가해자 갑의 '서로 즐겼다'는 주장이 힘을 발휘하는 것이 보통이다.

'성상납'이라는 명칭이 갖는 한계에 대해서도 짚고 넘어갈 필요가 있다. '상납上納'의 사전적 의미는 '①나라에 조세를 바침 또는 그 세금, ②윗사람에게 돈이나 물건을 바침 또는 그 돈이나 물건'[80]으로 정의한다. 따라서 성상납은 윗사람에게 돈이나 물건 대신 성을 바친다는 의미다. 우선 인간의 성을 누군가에게 바친다는 것 자체가 인권 침해적이라는 점을 지적할 수 있다. 또한 자신의 목적을 달성하기 위해 성을 상납하고자 하는 의지를 가진 자와, 자기의지와는 무관하게 자신의 성을 상납해야 하는 자 사이에는 분명 차이가 있다. 이는 마치 성매매의 포주와 성매매 피해자 간의 관계와 유사하다. 따라서 자기의지와 무관하게 강요에 의해 성을 상납해야 하는 사람은 분명 피해자인 것이다. 이러한 명칭이 가지는 한계 때문에 성상납 사건을 둘러싼 처벌과 논란은 계속된다. 눈에 보이는 대가(돈)가 오고가지 않았다면 성매매로 인정될 수도 없고, 서로 알고 지내며 대가를 받을 수도 안 받을 수도 있는 관계에서 벌어진 강제된 성관계를 무엇으로 명명한단 말인가? 그러기에 성상납에 어쩔 수 없이 가담한 피해자는 침묵할 수밖에 없는 현실에 놓인다.


## 왜 우리는 침묵하는가?

'남녀 고용 평등과 일·가정 양립 지원에 관한 법률' 제13조에 따라 사업주는 직장 내 성희롱 예방을 위한 교육을 연 1회 이상 실시하게 되어 있고, 이행하지 않을 경우 과태료를 납부해야 한다. 실제로 사업장이나 공공기관에서는 직장 내 성희롱 예방교육이 이뤄지고, 직장 내에는 성희롱고충처리기구가 존재한다. 직장에서 성희롱이 발생할 경우 피해자를 보호하고 가해자를 처벌해야 하는 1차 책임은 사업주에게 있다. 즉 성희롱 피해자 권리는 제도적으로 보장되어 있는 것이다.

그런데도 성희롱 피해자가 피해 사실을 공식화하지 못하는 가장 큰 이유는 무엇일까? 직장에서 자신의 지위가 불안해질 것에 대한 두려움이 크기 때문이다. 분명 원칙적으로 피해자는 보호받아야 할 권리가 있지만, 현실은 이러한 원칙을 받아들이기는커녕 비웃고 있다. 이러한 현실은 성희롱방지법 제정 초기인 10년 전이나 지금이나 다를 바가 없다. 내가 박사학위 논문을 쓸 당시 만났던 28명의 여성이 말하는 '내가 성희롱에 공식적으로 저항하지 못하는 이유'*에 대해서 우선 살펴보자. 유독 일상적인 성희롱 피해 경험이 많이 발생하는 작은 기업 D서비스에서 5년 동안 일한 윤혜자는 이렇게 말한다.

> "성희롱 피해 사실을 공식화하고 싶어도 어디다 대고 이야기할지 잘 모르겠어요. 그리고 내가 법적으로 피해 사실을 적극적으로 알린다 하더라도 '과연 문제 해결에 도움이 될까'에 대해 의구심이 많아요. 분명 성희롱에 대한 인식이 조금씩 바뀌고 있긴 하죠. 하지만 내가 개인적으로 소송을 한다는 것이 사회 변화에 도움이 되는지 확신이 안 가는 거죠."

---

* 이 내용은 저자의 박사학위 논문 중 chap.5 Experience of Sexual Harassment in the Workplace– Why are Victims unable to respond assertively to sexual harassment를 참조하여 재구성했음을 밝힌다.

L기업에서 5년간 근무한 곽정미는 힘없는 을이 아무리 소리쳐봐야 소용없다고 말한다. 힘 있는 갑의 의식이 바뀌지 않는 한 그 화살은 부메랑이 되어 피해자에게 돌아오게 된다고 말이다.

"내가 저항한다 하더라도 난 성희롱이 줄 거라고 생각하지 않아요. 남자들은 여전히 성희롱이 불법이 아니라 자연스러운 것이라고 생각하고 있으니까요. 그러니까 결국 남자들의 의식이 바뀌지 않는 한 우리가 아무리 저항을 해도 문제는 해결되지 않을 거예요."

10여 년 전 곽정미의 예상은 2014년 오늘에도 적용된다. 르노삼성자동차에서 일했던 성희롱 피해자 김미정이 그 현실을 정확히 보여주고 있기 때문이다. 성희롱은 법적으로 분명히 제재를 받는, 해서는 안 될 행동이다. 하지만 여전히 가해자인 권력자는 성희롱을 불법이 아니라고 여기며, 자신의 사업장에서 그런 불법이 일어났다 하더라도 문제를 해결하고자 하는 의지도, 생각도, 관심도 없다. 즉 성희롱 가해자의 인식이 변하지 않는 한 피해자의 저항만으로 문제가 해결되기는 어렵다는 것이다. 한편 S기업을 거쳐 현재 L기업에서 계약직으로 일하고 있는 박현정은 이렇게 말한다.

"우리가 살고 있는 사회는 여성의 의견보다 남성의 의견이 존중되는 사회예요. 여성이 성희롱에 저항해도 성희롱 가해자인 남성이 자기는 그런 일 한 적 없다고 부인한다면 피해당했다는 여성의 말을 믿을 사람이 없다는 거죠. 그러니까 남성 중심적인 조직문화에서 단둘이 있을 때 발생한 성희롱을 어떻게 신고하나요?"

실제 성희롱 사건은 단둘이 있을 때 발생하는 경우가 대부분이다. 따라서 원칙적으로 성희롱인지 아닌지를 판단할 때 기준은 피해자의 주관에 근거해야 한다고 제도는 말한다. 즉 피해자가 성희롱을 당했다고 한다면 그 사실을 인정해줘야 한다는 것이다. 하지만 현실에서는 그렇지 못하다. 박현정의 말대로 힘 있고 목소리 큰 가해자의 당당한 항변에 사람들은 귀를 기울인다. 1993년 서울대 조교 성희롱 사건에서부터 2013년 윤창중 성희롱 사건에 이르기까지 사회가 주목한 것은 피해자가 어떤 일을 당했는지, 그녀들을 어떻게 보호해야 하는지가 아니었다. 오직 가해자의 당당하고 파렴치한 목소리에 귀를 기울였을 뿐이다. 결국 그들의 큰 목소리가 법적인 판결에도 크게 반영된다. 이는 김학의 전 법무부 차관의 성상납 사건도 마찬가지였음을 이미 앞에서 언급했다. 전체 한국 사회에 성희롱·성상납을 대하는 정의롭지 못한 태도가 남아 있는 한, 피해자의 성희롱 관련 문제 제기는 의미 없는 외침, 아니 도리어 피해자의 2차 피해만 가중시킬 뿐이라는 점에서 그녀들이 저항하지 못하는 이유를 발견한다.

성희롱 피해자의 저항이 2차 피해로 돌아오는 구체적인 사례는 바로 일터 박탈의 위협이다. 즉 해고, 승진 누락, 부당한 부서 이동 등의 피해가 발생하는 것이다. HS기업과 K기업에서 4년 동안 일하고 있는 27세의 동갑내기 손지혜와 주하진은 이렇게 말한다.

"가해자가 회사에서 정말 힘 있는 사람이라면 난 도저히 저항 못해요. 난 정말 힘없는 일개 직원이고 거기에 저항했다간 내가 하는 일에 분명히 영향을 미칠 텐데, 어떻게 저항해요. 그냥 참아야지."
-손지혜

"난 성희롱에 저항할 생각 없어요. 왜냐하면 내 일자리에 바로 위협으로 다가올 거예요. 그리고 내가 뭐라 그러는 게 문제 해결에 도움이 되지도 않아요." -주하진

인터뷰를 진행한 당시는 IMF 금융위기 직후여서 일자리에 대한 불안감이 상당히 컸던 시기였다. 그러므로 대학 졸업 후 대기업에 취직해서 4년 동안 근속 중이라는 사실은 그녀들에게 축복이나 마찬가지였다. 따라서 손지혜와 주하진은 성희롱을 당한다 해도 참고 넘기겠다는 생각을 가지고 있었다. 왜? 그녀들은 성희롱의 속성을 너무나 잘 알고 있었기 때문이다. 성희롱은 직장에서 권력을 가진 자가 무기력한 자에게 행하는 것이며, 이를 거부하거나 거절한다면 자신들의 일자리에 심대한 타격이 있을 거라는 사실을 정확히 인지하고 있었다. 그것이 아무리 불법이라 한들 말이다.

그렇다면 2014년 현재는 어떤가? 르노삼성자동차의 김미정 역시 팀장으로부터 1년 동안 지속적으로 성희롱을 받았지만 참았다. 왜? 실업률은 높고 경제성장률은 한 자릿수인 시대에 성희롱 문제를 제기했다가 자신의 자리에도 위기가 닥칠까 봐 두려웠기 때문이다. 하지만 도저히 참기

힘든 지경에 이르자 결국 문제를 제기했고, 그녀의 예상은 적중했다. 그녀는 해고 위기에 처한 반면, 그녀를 성희롱한 가해자 팀장은 몇 주 정직 처분만 받은 후 다른 부서로 이동해 편안히 직장을 다니고 있다. 이러니 어찌 성희롱 피해자들이 자신들의 목소리를 당당히 낼 수 있겠는가?

그렇다면 성상납 피해자는 어떨까? 그들은 더 깊은 침묵 속에 빠져 헤어나지 못하거나, 자신의 성공을 위해 거래 아닌 거래를 했다가 실패한 뒤 불만을 토로하는 파렴치범으로 몰리기까지 한다. 아마도 그래서 장자연은 죽음을 선택한 것이리라. 장자연 사건 발생 직후 한국예술인노동조합의 대중예술인 대상 인권 침해 실태조사[81]에서, 성상납 피해 경험이 있는 이들이 강요된 성상납에 대해 법적 대응을 하지 않는 이유를 들어보면 그녀들이 얼마나 절망에 빠져 있는지를 잘 알 수 있다.

5000명에게 설문지가 배포됐으나 응답자는 183명에 불과했다. 나머지 4817명은 인권 실태를 파악하는 것 자체에 대해서도 침묵했다. 183명의 의견을 분석한 결과 "해봤자 달라질 것이 없다"라는 응답이 53.5퍼센트로 가장 높은 비율을 차지했다. 그리고 10.9퍼센트는 "2차 피해가 두려워서"라고 답했으며, "방법을 잘 몰라서"라는 답변도 7.7퍼센트에 달했다. 더 놀라운 사실은 응답자 중 현재 배우로 활동하는 네 명의 경우 "법적 대응을 한 적이 있으나, 오히려 피해를 입었다"라고 답했다. 특히 그녀들이 법적 대응을 하지 못하는 이유는 '성상납에 연루됐다'는 언론 보도만으로도 이미지에 심대한 타격을 입게 되기 때문이다. 직장 내 성희롱 피해자가 저항하지 못하는 이유와 유사하다. 응답자 중 75명은 "캐스팅에서 불이익을 받게 될까 봐 두려웠다"라고 털어놨으며, 34명은 "신상정보가 공개될 것을 우려했다"라고 답변했다. 그렇다. 익명 처리는 말뿐이지 피해자의 사생활 보호는 전혀 되지 않는 것이 현실임을 감안할 때, 공인인 여성 연예인이 법적 대응을 하기 위해 용기를 내기란 참으로 어려운 일이다.

성상납 피해자의 '벙어리 냉가슴앓이'는 그들을 아프게 만들고 있다. 응답자 가운데 33.3퍼센트가 우울증을 앓고 있다고 답변했다. 일반인의 우울장애가 평균 15퍼센트인 데 비해 두 배나 많다. 한편 23.5퍼센트는 불면증에 시달리고 있었으며, 12퍼센트는 대인기피증을 앓고 있다고 답했다. 지속적인 불안감을 호소한 이들도 32.3퍼센트에 달하며, 열세 명은 알코올의존증으로까지 이어진 상태다. 아마도 이런 실태조사 결과는 지난 몇 년 동안 우리 곁을 떠난 여배우들의 자살과도 분명 상관관계가 있을 거라는 생각이 든다.

최초로 실시된 대중문화연예인의 인권 침해 실태조사는 심층 면접조사도 함께 진행되었다. 조사 결과 상습적으로 성상납을 강요하는 열 명의 가해자 목록이 확보되었다. 그런데 문제는 노조 측 역시 그 목록에 나열된 가해자를 어떻게 처리할지 뾰족한 대안이 없다는 것이다. 목록을 공개했을 때 가해자를 철저히 처벌해서 문제 해결에 도움이 될 수 있을지 확신이 없기 때문이다. 그렇다. 성상납 피해자인 여성 연예인이 원하는 것은 상습적인 가해자에 대한 철저한 처벌(45.9퍼센트)이며, 더 이상 성상납 사건이 자신들의 일자리를 좌지우지하는 복병으로 작용하지 않기를 간절히 소망한다. 이들이 이렇게 가해자에 대한 철저한 법적 조치를 문제 해결의 가장 중요한 대책으로 손꼽는다는 점에서, 대한민국이 적어도 법적인 정의가 실현되는 사회라고 한다면 힘들어도 해볼 만하다는 생각을 갖고 있는 것이 아닐까?

## '난 가해자가 아니다' 슈퍼 갑의 당당함은 어디서 오나?

전직 대통령 이명박, 전직 국회의원 최연희, 전직 국회의원 강용석, 전직 청와대 대변인 윤창중, 전직 법무부 차관 김학의의 공통점은 성희롱·성추행·특수강간 혐의를 받은 사실이 있는 대한민국의 고위 공직자라는 것이다. 가해자는 사건 직후 잠시 반성하는 척하며 공직을 떠나는 제스처를 취하지만, 자신들이 떠들 수 있는 어떤 공간에서든 자신들의 행위에 아무런 문제가 없음을, 나아가 정당했음을 주장한다. 그리고 대한민국 국민 역시 그들의 논리를 그대로 받아들인다. 그렇게 볼 때 그들의 당당함은 우리가 부여하는 것이 아닌가 하는 문제에 봉착한다.

대통령 후보 시절 이명박은 성희롱 발언으로 시끄러웠던 적이 있다. 그러나 그가 대한민국 대통령으로 당선되는 데는 아무런 문제가 되지 않았다. 전직 국회의원 최연희는 기자를 성추행하고는 "식당 아주머니인 줄 알았다"라는 변명으로 무마하고 남은 국회의원 임기를 계속 수행했으며, 현재는 대기업 부회장으로 재직 중이다. 강용석 전직 국회의원 역시 성희롱 발언 후 국회의원 임기를 마치고 요즘은 방송인으로 아무런 거리낌 없이 자녀까지 대동하고 출연하고 있다. 전직 청와대 대변인 윤창중은 사건 발생 직후에는 마치 바로 워싱턴으로 날아가 조사를 받을 것처럼 거친 목소리로 자진해 기자회견을 하더니, 지난 7월 워싱턴 경찰청에서 연방법원으로 사건이 넘겨진 이후에는 조용하다. 물론 사법 처리에 대한 아무런 소식도 들리지 않고 있다. 2013년 3월부터 시작되어 세상을 떠들썩하게 했던 별장 성상납 사건의 주인공인 전 법무부 차관 김학의는 검찰의 무혐의 불기소 처분으로 법정에 설 일조차 없게 된 슈퍼 갑 히어로로 급부상하고 있다.*

한마디로 슈퍼 갑의 성희롱·성추행·성상납 가해 경험은 그들의 인생에 약간의 구설수 혹은 흠집이 되는 정도에 그칠 뿐, 그들이 원하는 목표를 성취하고 그들의 지위를 유지하는 데 큰 장애가 되지 않는다. 그리고 당장은 물러난다 하더라도 어느 순간 별일 아니었다는 듯이 등장해 자기 변명을 늘어놓고, 이에 대해 세상은 또 그대로 받아들인다. 이런 일이 가능한 이유는 대한민국의 정치권력·사법권력·매체권력이 피해자가 아닌 가해자, 특히 힘 있는 슈퍼 갑 가해자를 철저히 옹호하며 그들의 범죄에 한없이 관대하기 때문이다.

이러한 슈퍼 갑의 다양한 성폭력을 옹호하는 현실이 한국 사회의 위험한 섹슈얼리티를 끊임없이 재생산하는 핵심이다. 특수강간 혐의를 받은 전 법무부 차관을 무혐의 처리하는 검찰이 어떻게 일개 검사의 성추행·성희롱을 경고 이상의 엄중한 처벌로 처리할 수 있겠는가? 성희롱 발언을 내뱉는 사람이 대통령인 나라에서 국회의원이 성희롱 발언, 성추행 정도 했다고 어떻게 그들을 해임 처리할 수 있겠는가? 그러니 일상에서 일어나

---

* 최근(2014년 7월 9일) 억울함을 못 이겨 동영상 속 여성 중 한 명인 이 모 씨가 김학의 전 법무부 차관과 건설업자 윤중천을 재고소했다.

는 직장 내 성희롱 피해자의 권리를 보호하고 가해자를 엄중히 처벌하며, 실효성 있는 예방교육을 철저히 실시하면서 성평등한 조직문화를 만드는 데 최선을 다하는 사장 혹은 관리자를 기대할 수 있겠는가.

공직자의 성희롱·성추행·성상납 가해 행위에 대한 엄중한 처벌 없이 1년에 한 번 의무적으로 예방교육을 실시한다고 해서 진정한 폭력 예방이 가능할지는 의문이다. 2014년 대한민국 정부의 핵심 국정 과제인 '4대 악 근절'에 성폭력과 가정폭력도 포함되어 있다. 그런데 김학의 전 법무부 차관에 대한 무혐의 처리 그리고 윤창중 전 청와대 대변인의 성추행 수사를 기피하는 것으로 사건을 무마한다면, 과연 대통령이 원하는 4대 악 없는 사회를 만들 수 있는 것인지 심히 의심스럽다.

성희롱·성추행·성상납 가해자인 슈퍼 갑이 당당하게 얼굴 들고 대한민국을 활보하기 힘든 제도가 만들어지고 그 제도가 실천된다면, 그때야말로 빨간색이던 대한민국의 섹슈얼리티 위험 경보가 초록색 안전등으로 바뀌는 첫걸음이 되지 않을까.


## 성희롱 · 성상납 · 성매매 정치학은 정말 다른가?

성희롱·성상납 피해자가 목소리를 내기 힘든 이유 중 하나가 2차 피해에 대한 우려 때문이라고 했다. 2차 피해가 무엇인가에 대한 정의 문제는 법학·여성학·사회학·경찰학 등 다양한 학문 분야에서 연구를 진행하고 있지만, 여기서는 여성학 관점에서 이미경에 의해 정의된 "사건이 일어난 이후에 사법기관·의료기관·가족·친구·언론 등에서 보이는 피해자에 대한 부정적인 반응으로 인해 피해자가 입는 정신적·사회적·경제적 불이익이나 피해자 스스로 심리적인 고통을 겪는 것"[82]이라는 한정적인 개념으로 사용할 것이다.

그렇다면 이러한 2차 피해는 누가, 어떻게 만드는가? 성희롱·성상납 가해자가 2차 피해에서도 역시 첫 가해자가 된다. 즉 가해자가 가해 사실을 감추기 위해 사실을 은폐하거나 조작함으로써, 피해자를 근거 없는 낭설을 퍼뜨리는 거짓말쟁이로 만들 경우 피해자는 또 다른 상처를 받는다. 두 번째 가해자는 피해자를 적극적으로 도와줘야 하는 공식적인 제도를 다루는 사람들이다. 피해자가 피해 사실을 알리고 도와달라고 요청하는 기관이 이에 해당한다. 직장 내의 고충처리위원회가 될 수도 있고, 경찰이나 검찰 관계자가 될 수도 있다. 그러면 세 번째 가해자는 누구인가? 바로 방송·신문·온라인매체 등 다양한 대중매체가 가해자를 대변하면서 피해자를 만신창이로 만들어버리는 경우가 있다. 마지막으로 피해자 가장 가까이에 있는 가족·동료·이웃에 해당하는 우리가 그들의 피해 사실을 알면서도 모른 척하거나 가해자의 입장에서 함께 비난할 경우, 우리 역시 가해자가 된다.

피해자를 둘러싼 2차 피해의 가해자가 2차 피해의 정치학을 만든다. 2차 피해의 정치학 안에서 피해자는 더 이상 저항할 힘을 잃을 뿐 아니라, 우리 모두 성희롱·성상납의 피해자가 된다 하더라도 피해 사실을 알리면 더 큰 피해를 받는다는 피해의식을 학습하게 된다. 이것이 2차 피해의 정치학이 가지는 위험성이다.

성희롱·성상납·성매매가 함께 만나게 되는 지점 역시 바로 2차 피해의 정치학 관계 내에 있다. 성희롱과 성상납은 일하는 조직과 연결된다. 조직 내에서 위계권력이 있는 강자와 그렇지 못한 약자 사이에 발생한다. 강자는 가해자가, 약자는 피해자가 될 가능성이 높다는 점에서 성희롱·성상납 정치학은 닮은꼴이다. 게다가 성희롱·성상납 피해자의 2차 피해 역시 유사한 방식과 내용으로 나타난다는 점에서 또 만나게 된다. 그렇다면 이런 질문이 생긴다. '성매매는 어떻게 연결될까? 이는 많이 다르지 않을까?' 결국 성희롱·성상납·성매매의 위험한 섹슈얼리티가 어떻게 닮았는지를 보기 위해서는 피해자의 의지 혹은 자발성 문제를 논의하지 않을 수 없다.

자발성의 정도로 세 가지를 비교한다면 흔히 성희롱〈성상납〈성매매 순서로 생각하는 것이 보통이다. 여기서 이에 대한 이론적이고 학문적인 논쟁을 하지는 않겠지만 다만 그 자발성의 근거를 따져본다면, '어쩔 수 없이 받아들여야만 하는 상황'이라는 점에서는 세 경우가 거의 유사하지 않을까? 왜냐하면 성매매 종사자는 경제적으로 가장 취약한 그룹이자 일자리를 얻기 힘든 조건에 처한 사람들, 혹은 어린 시절 성폭력 피해 경험을 갖고 있거나 어른들로부터 보호받지 못한 청소년 등 먹고살기 위해 어쩔 수 없이 그런 삶을 선택한 사람들이기 때문이다. 이를 어찌 자발적이라 할 수 있겠는가.

그들에게 돌아오는 2차 피해의 방식과 내용은 다음과 같은 유사성을 갖는다. 첫째, 피해자를 보호하기보다는 비난하거나 그들을 위험한 섹슈얼리티에 함께 가담하고 참여한 주체로 낙인찍는 오해의 시선이 강하다. 둘째, 이를 적극적으로 보호해줄 제도가 이들을 뒷받침해주기보다는 가해자의 시선으로 이들을 대하고 취급하는 게 일반적이다. 마지막으로, 피해자의 가장 가까운 주변이 그들을 도와주기보다는 감추거나 부끄러워하거나 비난한다. 이러한 2차 피해의 정치학이 피해자를 절망하게 하고 더 이상 문제를 제기할 힘을 잃게 만드는 것이다. 그래서 결국 한국 사회에서 섹슈얼리티의 정치학은 더 위험해지고 갈 길을 잃어버리게 된다.

성희롱·성상납·성매매의 정치학이 가진 유사성에 대해서 이렇게 장황하게 설명하는 이유는 이들 피해자와 가해자에 대한 태도와 시선이 동일했으면 하는 바람에서다. 즉 피해자가 자신의 위험한 섹슈얼리티의 경험을 말한다면 그들을 피해자 책임론, 유발론과 같은 2차 피해의 나락으로 떨어뜨리는 것이 아니라, 그들의 권리를 보호하기 위해서 제도·언론·이웃이 그들의 말에 귀를 기울여야 한다. 그리고 가벼운 언어적 성희롱이든 파렴치한 특수강간이든, 가해자는 가해자인 것이다. 그가 슈퍼 갑이든 아니든 그가 가해자라는 사실은 변할 수 없고, 그들은 처벌받아 마땅하다는 데 동일한 시선과 태도를 견지해야 하는 것이다. '유권무죄, 무권유죄'가 아니라 적어도 법 앞에서 만인이 평등할 수 있도록 우리 역시 갑·을 정치학의 이데올로기 놀음에서 벗어나야 하지 않을까. 왜냐하면 인간의 섹슈얼리티는 인간을 존중하는 인권의 시각에서라야 안전해지고 즐거울 수 있는 관계의 문제이기 때문이다.

Part 4.

# 에필로그
## 위험한 섹슈얼리티가 없는
## 성문화의 미래를 위해

*내가 여기서 그리는 성문화는 단순히 'sexual culture'가 아니라, 사회적 성차를 가진 남녀관계에 해
당하는 젠더와 인간의 성적 정체성, 이데올로기, 가치관, 욕망, 실행을 포함해 섹슈얼리티를 인간의 일
상적 성문화로 지칭하는 보다 크고 넓은 개념으로 이해해주길 바란다.

# 성평등과 다양성의 관점에서 섹슈얼리티를 이해한다는 것은?

이 책을 쓰기 위해서 결혼 경험이 있는 남성과 여성 14명을 만났고, 한국 사회의 다양한 일터에서 일하는 여성 28명의 이야기를 들었다. 그리고 직접 만난 건 아니지만 다양한 매체를 통해서 접할 수 있었던 위험한 섹슈얼리티의 피해자들, 즉 남편의 계속되는 성적 학대와 가정폭력으로 고통받다 남편을 살해한 김정미(가명), 전 법무부 차관 성상납 사건의 피해 여성, 전 청와대 대변인 성희롱 사건의 피해자인 미국대사관의 인턴 여직원, 성상납의 고통으로 자살한 여배우 장자연, 르노삼성자동차에 근무하면서 상사의 지속적인 성희롱을 참다못해 문제를 제기한 김미정(가명), 군대 내 성추행과 가혹행위로 인해 자살한 오 대위……. 그리고 이 글을 쓰고 있는 지금 이 시간에도 위험한 섹슈얼리티로 인한 피해자는 계속 발생하고 있음을 부인할 수 없다는 점이 참으로 안타깝다.

이 책을 통해서 말하고 싶은 것은 '한국 사회에서 위험한 섹슈얼리티 문제는 해결이 불가능한가?' 하는 것이다. 그리고 해결하고자 한다면 '나와 우리, 국가는 무엇을 해야 하는가?'에 대한 실마리를 찾기 위해서다. 이를 찾기 위해서 '성평등과 섹슈얼리티', '다양성과 섹슈얼리티'를 어떻게 이해해야 할지에 대한 설명이 필요하다.


## 성평등과 위험한 섹슈얼리티 사이의 연결고리

성평등과 위험한 섹슈얼리티 사이의 연결고리를 찾기 위해서 우리가 던질 수 있는 첫 번째 질문은 '성적 피해자는 왜 다수가 여성인가?' 하는 것이다. 그 이유는 아주 간단하다. 여전히 우리가 살고 있는 사회는 남성 중심의 성별 격차가 심한 성불평등 사회이기 때문이다. 사회문화적으로 불평등한 사회라는 점, 그리고 특히 자본주의 사회에서 경제적 불평등이 여성의 성적 권리 침해라는 결과를 낳았다는 점을 이 책의 전체 내용에서 확인할 수 있었다. 자본주의의 양극화로 인해 여성의 위치가 경제적 약자로 굳어지면서 먹고사는 문제가 절대가치가 되었고, 우리는 이러한 삶을 유지하기 위해서 성적 위험으로부터 벗어나려면 더 많은 용기와 결단이 필요한 시대에 살고 있는 것이다.

분명 2014년 오늘은 과거에 비해서 성적 위험을 방지하기 위한 제도와 법도 마련되어 있고, 하물며 예방교육까지도 법으로 제도화해 의무적으로 실시하고 있는데 더 이상 뭘 바라느냐고 반문할지도 모른다. 사실 꽤 시간이 흐르는 동안 성적 위험에 해당하는 성폭력·성희롱·성매매가 불법이라는 의미의 상징적인 법과 제도는 만들어졌다. 그렇다면 그 법과 제도를 실행할 수 있는 사회와 문화 그리고 사람들의 생각과 의식은 얼마나 변했을까? 결혼관계 내에서도, 조직사회 그리고 특히 타의 모범이 되어야 하는 공직사회에서도 섹슈얼리티와 성문화에 대한 사람들의 생각이나 태도, 실행은 과거와 비교해 그리 큰 차이가 없었다. 왜 그럴까? 그것은 위험한 섹슈얼리티 정치학이 예나 지금이나 먹고사는 문제와 밀접하게 연결되어 있기 때문이다. 성희롱·성상납 피해자가 자신들의 피해 사실을 당당히 밝히지 못하는 가장 큰 이유는 늘 먹고사는 문제와 관련이 있었으며, 결혼관계 내에서 벌어지는 남편에 의한 지속적인 성적 학대 문제도 아주 깊숙이 들여다보면 경제적 약자인 여성 문제와 무관하지 않다.

1970년대에 한국 사회에서 페미니즘 운동이 처음 시작될 때, 여성운동계의 가장 공통된 이슈는 남녀 고용 평등을 실현하는 것이었다. 그것이 여성해방의 가장 중요한 목표라고 생각했던 것이다. 그리고 어느 정도 여성의 사회적 지위와 노동 참여가 확대된 1990년대에 들어서면서 여성운동가들은 여성에 대한 성적 폭력 문제, 즉 성폭력·성희롱·가정폭력·성매매 문제를 이슈화하면서 여성 인권 문제를 통해 성적 위험으로부터 여성의 권리를 되찾아야 한다고 주장하기 시작했다.

하지만 2014년 노동을 둘러싼 젠더 정치학의 문제는 성적 위험의 섹슈얼리티 정치학과 밀접하게 연관되어 있다. 즉 나는 여성학 내의 학문 분과에서 노동과 섹슈얼리티를 기계적으로 구분해 생각하는 것에 반대한다. 예를 들어 여성 노동의 차별적인 현실은 젠더 정치학의 성차별적인 조직 문화에서 기인하기도 하지만, 성희롱 피해자가 되는 여성 노동자의 삶이 섹슈얼리티의 위계성과 밀접히 연관되어 있음을 간과해서는 안 된다는 것이다. 따라서 성평등 관점에서 성적 위험의 문제를 다룬다는 것은 곧 젠더-섹슈얼리티 정치학의 상호 연관성을 파악하는 문제라고 할 수 있다.

## 다양성의 관점에서 섹슈얼리티를 이해한다는 것은?

위험한 섹슈얼리티 문제를 해결하고자 하는 궁극적인 목표는 성별·계층·지역·인종·성적 선호 등 다양한 차이가 있음에도 인간으로서 성적 권리를 침해받지 않고 보장받는, 그러면서 안전하고 즐거운 섹슈얼리티를 향유하는 삶으로 패러다임을 전환하는 데 있다. 이를 실현하기 위해서는 섹슈얼리티를 둘러싼 다양한 욕망에 대해 자유롭게 토론하고 존중하는 문화가 전제되어야 한다. 또한 다양성의 관점에서 섹슈얼리티를 이해한다는 것은 위험한 섹슈얼리티 문제를 해소하는 데 중요한 전제가 되기도 한다. 위험한 섹슈얼리티는 섹슈얼리티를 둘러싼 엄격하고 지키기 힘든 도덕적인 잣대에서 비롯하는 경우가 많기 때문이다.

예를 들어 한국 사회의 섹슈얼리티를 둘러싼 공식 규범이자 지배적 담론은 '남자 성인이 주도하는, 결혼한 이성애 부부 중심의 성관계만이 합법적'이라는 것이다. 그 외의 성관계는 비공식적이며 하위 담론에 해당한다. 그렇다면 결혼제도 내의 섹슈얼리티, 즉 부부간의 성관계를 통해서 우리의 성적 욕망과 권리의 많은 부분이 해소되어야 한다는 결론에 이른다. 하지만 우리가 들여다본 결혼관계 내의 섹슈얼리티에서 충분한 권리와 즐거움을 만끽하는 부부는 그리 많지 않았다. 그렇다면 결국은 결혼 외 비공식 규범에 해당하는 하위 담론의 다양한 관계(결혼을 선택하지 않은 다양한 연령의 남녀 혹은 동성 관계의 섹슈얼리티)에서 만족을 느끼는 사람들이 많다는 얘기다. 이를 공식 규범과는 맞지 않는다는 잣대를 들이대며 '그런 관계는 절대 안 된다'고 규제하는 것이 과연 옳은 것일까?

　이와 관련해서 미국의 인류학자 게일 루빈Gayle Rubin은 섹슈얼리티의 위계구조hierarchy of sexuality에 대해 다음과 같은 문제 제기를 한다. 즉 '이성애, 결혼관계 내, 일부일처제, 임신을 위한, 사랑하는 사람끼리, 같은 연령대의 관계에서, 아무도 안 보는 데서, 몸만 사용하는 것'은 좋은 성good sex으로 규정하고, '동성애, 결혼하지 않은 관계에서, 재생산과 무관하며, 여럿이 혹은 혼자서 하는, 하룻밤 성관계, 연령차가 많은 관계에서, 공개적으로, 기구를 이용하는 것'은 나쁜 성bad sex으로 구분 짓는 것이 바람직한가 하는 문제 제기다.[83] 이러한 구분은 섹슈얼리티의 위계구조를 넘어 또 다른 억압을 만든다. '나쁘다'고 이름 붙여진 성관계라도 상대에 대한 충분한 동의와 존중이 있다면, 그리고 그런 성관계를 선택하는 것이 다른 사람에게 피해를 유발하지 않는다면 '좋다, 나쁘다'의 문제로 이를 폄하하고 평가하기보다는, 다른 섹슈얼리티를 선택하는 인간의 자율성과 정체성으로 존중하는 문화로 갈 수 있도록 우리 사회의 변화가 필요하다는 생각이다.

# 평등과 다름이 공존하는
# 성문화의 미래

성적 불평등 문제 그리고 다양성에 대한 이해와 존중에 기초한 성문화의 미래는 평등과 다름이 공존하는 섹슈얼리티일 것이고, 이는 분명 위험한 섹슈얼리티를 최소화하는 사회로의 전환을 의미한다. 그렇다면 평등과 다름이 공존하는 섹슈얼리티 사회는 과연 어떤 사회일까?

## 우리는 모두 동등한 성적 주체다: 성적 자기결정권이 오롯이 실현되는 사회

한국을 비롯해 대부분의 국가 헌법은 "모든 국민은 인간으로서의 존엄과 가치를 가지며, 행복을 추구할 권리를 가진다. 국가는 개인이 가지는 불가침의 기본적 인권을 확인하고, 이를 보장할 의무를 진다"[84]라고 밝힌다. 즉 국가가 국민의 인권을 보장해야 함을 명시하는 것이다. 그러한 인권에는 '성적인 권리'도 당연히 포함된다. 또한 "모든 국민은 법 앞에 평등하다. 누구든지 성별·종교 또는 사회적 신분에 의하여 정치적·경제적·사회적·문화적 생활의 모든 영역에서 차별을 받지 아니한다"[85]라고 하여 개인의 다름을 인정하고, 그 다름의 평등함을 강조한다. 여기서 대한민국 헌법을 운운하는 것은 우리 모두를 동등한 성적 주체로 인정하는 것이 그리 실현하기 어려운 꿈이 아니라는 점을 강조하고 싶어서다. 각각의 사회가 헌법에서 명시하는 인간에 대한 존엄 가치를 인정한다면, 그리고 그것을 실천하고자 하는 의지가 있다면 충분히 가능한 일이기 때문이다.

한 사회에서 모든 구성원을 동등한 성적 주체로 인정한다는 것은 무엇을 의미하는 것일까?

첫째, 상대방이 원치 않는 강제적인 성적 행위는 상대의 권리를 침해하는 행위이며 불법이라는 점을 사회 전체가 인식하고 실행해야 한다. 이를 실행하는 주체는 개인·지역사회·국가 모두라고 할 수 있다. 그럼에도 타인의 성적 권리를 침해하는 가해자가 발생한다면, 그의 지위와 무관하게 명백한 처벌이 실행되어야 하며, 피해자에 대한 2차 피해 방지 및 지원과 보살핌은 국가와 사회가 함께 책임져야 한다.

둘째, 섹슈얼리티의 공식/비공식 혹은 지배/하위 담론이라는 이분법적 잣대로 다양한 선택이 가능한 성적 권리를 침해하는 일이 없는 사회가 되어야 한다. 이는 곧 성적 자기결정권을 인정하는 사회다. 타인에게 피해를 주지 않는, 서로의 동의에 의한 성관계라면 함부로 옳고 그름을 판단하지 않는 사회이길 바란다. 서로 인정하고 존중하는 섹슈얼리티의 스펙트럼이 좁을수록 보이지 않는 곳에서 은밀한 방식의 위험한 섹슈얼리티가 끊임없이 만들어질 수 있기 때문이다. 한 예로 사랑 없이 이루어지는 하룻밤 성관계(원 나이트 스탠드)가 허용되는 성적으로 개방된 사회에서 성매매나 성폭력 비율이 상대적으로 낮은 것이 이를 반증하는 것이 아닌가 생각된다.

## 다름을 인정하는 새로운 패러다임으로의 변화

섹슈얼리티는 친밀한 인간관계의 문제다. 다름을 인정하지 않는 사회에서는 '결혼한 혹은 결혼을 전제로 한 남녀 간의 성관계'만을 섹슈얼리티 관계로 본다. 하지만 현실에는 섹슈얼리티를 둘러싼 다양한 관계가 존재하며, 그것을 인정하고 존중하는 것이 미래 성문화의 핵심이다. 따라서 결혼관계를 포함한 '친밀한 관계'라는 새로운 패러다임으로 변화할 필요가 있다. 결혼관계뿐만 아니라 성적 친밀함을 원하는 다양한 관계(동거·동성·이성·노인·미성년 커플 등) 내에서 성적 자기결정권, 즉 성관계의 주체적인 선택이 가능한 사회로의 변화가 이루어질 때 새로운 관계의 패러다임이 시작되는 것이다.

다시 말해 결혼을 선택하는 남녀라 할지라도 서로 동의와 존중에 근거한 성관계를 선택할 수 있음을 결혼계약의 분명한 조건으로 명시해야 할 것이다. 이는 제도로서의 결혼이 아닌 동거를 선택한 커플에게도, 같은 공간에서 살지는 않지만 연애를 하는 커플에게도, 연령에 따라 성관계를 금기시하는 나이 많은 혹은 나이 어린 커플에게도 적용되어야 하는 원칙이다. 즉 청소년이나 노인에게 성적 즐거움을 허용하지 않고 금기시하는 억압적인 문화도 변화가 필요하다는 말이다. 금기와 규제, 억압은 그에 대한 저항과 부작용을 양산한다. 파고다 공원에 자양강장제 파는 아주머니가 늘어나는 것도, 그로 인해 노인 성병 문제가 심각해지는 것도 그러한 부작용 중의 하나다. 또한 청소년이 할 일은 공부뿐이라고 하면서 섹슈얼리티가 뭔지 제대로 알려주려 하지 않는 사회에서, 아이들은 숨어서 불법 포르노그래피를 즐기며 위험하고 왜곡된 성폭력의 각본을 탐닉하거나 실행하기도 한다. 따라서 다양성과 다름을 인정하고 존중하는 친밀한 관계로 패러다임을 전환하는 일은 억압적인 섹슈얼리티에서 파생된 성적 위험을 치유하는 중요한 방법이 될 것이라고 믿는다.

평등과 다름이 공존하는 성문화 사회가 된다는 것은 우리 의식 속에 '섹슈얼리티' 하면 떠오르는 단어가 '존중·동의·자율·안전·즐거움'이 되는 사회이며, 그러한 원칙을 전제로 나의 일상적인 성적 행위를 자유롭게 영위할 수 있는 사회가 된다는 것을 의미하는 것이다. 그렇게 되면 상대방이 동의하지 않는 성폭력·성희롱과 억압적인 동의로 포장된 성매매·성상납이 최소화되는 미래를 꿈꿀 수 있지 않을까? 또한 남에게 피해를 주지 않는 선에서 섹슈얼리티의 선택지가 다양하다면, 그리하여 즐거운 섹슈얼리티를 새롭게 만들고 찾을 수 있다면, 원치 않는 상대에 대한 위험을 무릅쓴 섹슈얼리티는 점차 줄어들 것이라고 기대해볼 수 있지 않을까.

# 무엇을 할 것인가?

한국 사회에서 위험한 섹슈얼리티의 원인이 무엇인지에 대한 분석과 아울러 우리가 바라는 성문화의 미래 비전을 제시해보았다. 마침표를 찍기 전에 마지막으로 논의할 사항은, 평등과 공존의 성문화를 실현하기 위해서 2014년을 사는 우리는 무엇을 할 것인가 하는 것이다. 구체적이고 현실적인 전략에 대한 토론이라고 할 수 있다. 이와 관련해서 국가·정부·사회가 책임지고 실행해야 할 공적 정치 영역의 전략과, 우리가 일상의 삶에서 하나하나 만들어가야 하는 생활정치의 맥락에서 구현할 문제로 나누어 이야기하고자 한다.

## 지금, 국가는 무엇을 할 것인가?

국가가 실행해야 할 첫 번째 과제는 이미 만들어진 법과 제도를 국민 모두에게 공정하고 평등하게 적용할 수 있도록 집행자이자 감시자의 역할을 제대로 수행해야 한다는 것이다. 특히 고위 공직자의 성폭력 사건에 대한 '성역 없는 수사'와 '엄중 처벌'을 행정부·사법부·입법부에서 철저히 실행하는 것부터 시작해야 한다. 전 법무부 차관의 성상납 사건, 전 청와대 대변인의 성추행 사건, 부하 여군 대위를 자살로 내몬 노 소령 사건에 대한 무혐의·축소·은폐·조작을 방관하는 정부는 한국 사회의 위험한 섹슈얼리티 문화를 지속시키고 방조하는 것이나 다름없다. 이런 고위층의 성적 범죄를 덮어두고 두둔하는 일이 언론을 통해 국민에게 공유되는 한, 일터와 가정에서 발생하는 친밀한 관계 내에서의 성적 위험 문제를 단죄하고 처벌하는 일은 점점 힘들어진다. 한마디로 '윗물이 맑아야 아랫물이 맑다'는 속담이 그대로 적용되는 것이다.

둘째, 성폭력·성희롱·성매매 피해자 지원은 대한민국 국민의 인권 보호를 위한 국가의 책임이라는 점을 명심하고, 이를 실천하기 위한 세부 정책을 만들고 실행해야 한다. 우선 피해자 지원 시스템의 보완이 절실하다. 현재 성폭력·성희롱·성매매 피해자 지원 체계는 국가가 전담하지 않고 민간에 위탁하고 있으며, 재정 지원 역시 전부가 아닌 일부만 하고 있을 뿐이다. 이를 오롯이 지원하는 주체는 여성단체와 민간기구들인데, 그들의 희생과 봉사로 메워지고 있는 실정이다. 따라서 성적 위험으로부터 국민을 보호할 의무 차원에서 피해자 지원 체계의 보완과 예산 투입은 정부가 시급히 해결할 사안이라고 본다.[86]

셋째, 성적 위험으로부터 잠재적 피해자와 가해자를 최소화하기 위한 예방 정책을 만들고 이를 실행하는 것 역시 국가가 해야 할 중요한 의무다. 이를 위해서 여성발전기본법과 남녀고용평등법에 성폭력·성희롱·

성매매 예방교육을 1년에 한 시간 이상 의무적으로 실시해야 함을 명시했으며, 2013년 8월에는 성폭력·성희롱·가정폭력·성매매 예방교육을 성평등 통합 관점에서 교육해야 한다는 체계적인 법안 마련을 제기했다. 이는 제도적 차원에서 분명 진일보한 것으로 보인다. 즉 다수의 피해자가 여성이라는 현실 문제를 반영하여 성폭력·성희롱·가정폭력·성매매를 (여)성폭력violence of gender/sexuality으로 규정하고, 불평등한 사회의 맥락에서 결혼제도·조직문화·자본주의 소비문화와 (여)성폭력이 어떻게 연관되어 있는지를 설명하며, (여)성폭력 예방을 위한 개별 주체의 노력까지 포함한 예방 전략을 제시하는 새로운 표준 교육안이 개발[87]되기도 했다.

하지만 이를 실행하는 체계적인 지원은 여전히 부족하다. 공공기관이나 기업, 학교에서 실시되는 성폭력·성희롱·성매매 교육은 요식행위에 불과하며, 이를 실행하는 교육 주체에 대한 지원이나 관리 역시 미흡한 실정이다. 성평등 관점을 견지한 다양한 폭력 예방교육을 실시해 사회 구성원 모두의 인식 변화를 이루도록 노력해야 하는데, 이는 위험한 섹슈얼리티의 변화를 이루어내기 위한 주요 전제 조건이 된다. 하지만 정확한 관점을 담지 못하고 요식행위에 불과한 교육을 개선 없이 반복하는 것은 예산과 시간 낭비일 수 있으며, 실효성과는 거리가 멀다는 점을 분명히 인식해야 한다.

2014년 2월 26일, 대한민국 최초의 여성 대통령이 취임한 지 1년여가 지난 시점에 여성가족부는 성폭력·가정폭력 방지 종합대책 2014 추진 계획을 발표했다. 여성가족부 장관은 "박근혜 대통령의 4대 악 척결에 해당하는 성폭력·가정폭력 방지의 정책 체감도 향상을 위해 힘쓸 것"[88]이라고 말했다. 하지만 대통령 취임 후 1년이 지나는 동안 고위 공직자 관련 성상납·성추행·성희롱 사건이 끊임없이 사회적 문제가 되었는데도 이를 책임지고 방지해야 할 여성가족부의 종합 대책에서 이에 대한 언급이 한 줄도 없었다는 것은 직무유기가 아닌가? 이는 실질적인 정책 수립이 아닌 전시행정의 아주 나쁜 예로 기록될 뿐이다. 따라서 (여)성폭력 예방의 국가적 책임을 방기한 책임을 면하기 힘들 것이다.


## 사회 구성원들은 무엇을 해야 하는가?

성폭력·성희롱·가정폭력·성매매와 같은 위험한 섹슈얼리티가 최소화되는 사회를 만들기 위해서는 국가에만 그 책임을 돌릴 수 없다. '섹슈얼리티는 사회적·문화적·역사적으로 구성된다'는 말은 섹슈얼리티가 각각의 사회적·문화적·역사적 경험의 차이에 따라 다른 내용과 방식으로 구성된다는 의미이며, 이는 그 사회를 이루는 구성원이 주체가 되고 그들이 함께 만들어간다는 의미 또한 내포하는 것이다. 따라서 위험한 섹슈얼리티 문제를 해결하기 위해서 개인인 나와 우리는 함께 사는 공동체 문화를 일상적으로 바꾸기 위한 노력을 해야 하며, 이는 우리가 실천해야 할 중요한 숙제다.

　우리의 뇌리 속에 끔찍한 사건으로 기억되는 일명 조두순 혹은 나영이 사건을 소재로 한 이준익 감독의 영화 〈소원〉에서는 성폭력을 대하는 우리의 태도가 어떤 변화를 만들 수 있는지를 보여준다. 영화에 등장한 소원이가 사는 동네의 이웃은 참 착한 사람들이다. 소원이의 엄마와 아빠가 소원이가 당한 성폭력으로 괴로워할 때 이를 비난하고 욕하는 것이 아니라, 성폭력의 상처로부터 조금씩 나아지도록 열심히 위로하고 도와준다. 이와 같이 우리가 위험한 섹슈얼리티로부터 나와 우리를 보호하고 우리 자신의 권리를 지키기 위해서는 다음과 같은 실천이 필요하지 않을까 싶어 몇 가지를 제안해본다.

첫째, 상대방의 확실한 동의 없이 상처를 주는 행위는 폭력임을 가슴 깊이 인식하고, 이와 관련된 행동은 하지 말아야 한다. 이는 가장 친밀하다고 여기는 가족관계에서부터 실천해야 한다. 왜냐하면 우리는 가족 안에서도 약자에 해당하는 아동·여성·노인에 대한 다양한 신체적·언어적·성적 폭력 행위가 스스럼없이 자행되는 사회에 살고 있기 때문이다. 이에 대한 예방은 개인의 다짐과 의식 변화로부터 출발할 때 가능해진다. 즉 나와 가족에 대한 폭력 감수성을 높이는 훈련이 절실하다.

둘째, 이웃의 폭력을 사생활로 치부하며 눈감는 것 역시 폭력을 재생산하는 일종의 범죄행위라는 점을 되새겨야 한다. 미국의 드라마나 영화를 보면 옆집에서 심하게 부부싸움을 하거나, 혹은 아이를 때리는 부모를 봤을 때 보편적으로 신고를 한다는 사실을 알 수 있다. 우리 사회도 그렇게 변화해야 한다고 본다. '부부싸움은 칼로 물 베기'라거나 '제 자식 관리는 부모가 어련히 잘 하겠지. 오죽하면 부모가 때리겠어?'라는 생각은 이제 머릿속에서 지워버려야 한다. 이는 폭력에 둔감한 사고방식이다. 이웃에서 일어나는 폭력의 원인이나 이유는 알 수 없지만, 상대방이 누구든 일방적인 폭력 행사는 범죄라는 점을 정확히 인식하고 있다면 이웃으로서 피해자를 보호하는 최선의 방법은 법적 개입을 할 수 있도록 도와주는 것이다.

　마지막으로, 이제 우리에겐 위험한 섹슈얼리티를 예방하고 방지하기 위한 안전보안관이 될 용기가 필요하다. 내가 사는 마을에 다양한 폭력으로부터 안전하지 못한 위험요소가 있다면 이를 개선하기 위해 함께 힘을 모을 수 있는 시민으로서의 권리 의식이 필요한 것이다. 어두운 골목길을 밝히는 운동도 이러한 관심과 시민의식에서 출발한 것이다. 최근 서울시는 마을공동체 만들기 사업을 적극적으로 추진하고 있다. 국가가 주도하는 것이기에 다소 형식적인 부분도 있지만, 그럼에도 우리 스스로 주변과 이웃을 보호하고 안전한 환경을 만드는 것만큼 완벽한 해결책은 없는 것이 아닐까 하는 생각이 든다. 또한 일터에서 성적 위험으로 피해당하는 동료가 있다면 옆에서 함께 분노하고 문제를 제기해보려는 용기가 필요하다.

　이번엔 내가 피해자가 아니지만 나 역시 언제든지 피해자가 될 수 있다는 사실 또한 우리가 용기를 내야 하는 이유다. 하지만 우리가 스스로를 보호하기 위한 보안관이 되려는 더 중요한 이유는 다수의 약자인 우리가 위험한 섹슈얼리티 정치학 관계에서 우리 자신의 권리를 침해받지 않기 위해서다. 약자들 간에 연대하여 저항의 목소리를 내지 않는다면 더 위험한 정치학의 관계에서 헤어나기 힘들며, 우리가 진정 원하는 평등과 공존의 성문화도 실현하기 힘들기 때문이다.

1) 이하나, '김주하 앵커 가정폭력 피해 파문, 이혼 소송 한다고 방송 하차?', 〈여성신문〉 2013년 10월 30일 자.

2) 앤서니 기든스 저, 황정미 외 역,《현대 사회의 성, 사랑, 에로티시즘》, 새물결, 1992.

3) 울리히 벡·엘리자베트 벡-게른 스하임 저, 김수영 외 역,《사랑은 지독한 그러나 너무나 정상적인 혼란》, 새물결, 1999.

4) 한자경, 〈사랑의 본질: 속박인가? 구원인가〉,《한국여성철학》, 한울아카데미, 1995.

5) Cancian, F. M., *Love in America: Gender and Self-development*, Cambridge Univ. Press., 1987.

6) 앤서니 기든스, 앞의 책, 1992.

7) 울리히 벡·엘리자베트 벡-게른스하임 저, 앞의 책, 1999.

8) 이철우,《심리학이 연애를 말하다》, 북로드, 2008에서 재인용.

9) Hochschild, A. R., *The Commercialization of Intimate Life*, Univ. of California Press, 2003.

10) 이재경,《가족의 이름으로》, 또하나의문화, 2002.

11) Jackson, Stevi, "Even Sociologists fall in Love: An Exploration in the Sociology of Emotions", *Sociology*, Vol. 27, No.2, 1993.

12) Duncombe, J. and Marsden, D., "Love and Intimacy: The Gender Division of

Emotion and 'Emotion Work'", *Sociology*, Vol. 27, No. 2, 1993.

13) Dryden, C., *Being Married, Doing Gender*, Routledge, 1999.

14) 최양숙, 〈부부 분거 경험의 성별 차이를 중심으로 본 기러기 가족 현상〉,《가족과 문화》18(2), 2006, pp.135~160.

15) 김양호·김태현, 〈장기 분거 가족에 대한 일 연구—기러기 가족의 부부 관계를 중심으로〉,《한국가족관계학회지》, 9(2), 2009, pp.1~23.

16)《한겨레 21》2011년 12월 2일 자.

17) 서울시여성가족정책실 홈페이지, 서울시민 1500명 대상 2013년 3월 조사 실시.

18) 이성은,《서울시 비혼 여성 1인 가구 정책지원 방안 수립》, 서울시여성가족재단, 2012.

19) 이성은, 앞의 책, 2012.

20) 월리 파시니 저, 이국형 역,《에로스와 가스테레아: 끝없는 두 욕망》, 동심원, 1996.

21) 정춘숙, 〈아내폭력 피해여성의 정당방위—저를 죽이고 살리는 것은 남편 마음이었습니다〉,《성폭력을 다시 쓴다—객관성, 여성운동, 인권》, 한울아카데미, 2003.

22) 김정미 씨의 사례는 〈아내폭력 피해여성의 정당방위—저를 죽이고 살리는 것은 남편 마음이었습니다〉(정춘숙,《성폭력을 다시 쓴다—객관성, 여성운동, 인권》, 한울아카데미, 2003)에 실린 그녀의 사례를 재구성하여 요약 정리한 내용임을 밝힌다.

23) 김재엽 외,《2010 전국 가정폭력 실태조사》, 여성가족부, 2010.

24) Terrence E. Deal and Allan A. Kennedy, *Corporate Culture—the Rites and Rituals of Corporate Life*, Da Capo Press, 2000.

25) www.samsung.co.kr 참조.

26) Davis, S. M., *Managing Cooperate Culture*, Cambridge: Ballinger, 1984

27) 이학종《한국 기업의 문화적 특성와 새 기업문화 개발》, 박영사, 1997.

28) 통계청, 〈나라 지표—IPU 여성 국회의원 비율 및 각국 순위〉, 2012.

29) 한국여성노동자회,《2012년 평등의 전화 상담 사례집》, 2013.

30)〈OECD Employment Outlook 2013〉.

31) 앞의 자료.

32) Itzin, C., "The Gender Culture in Organizations", Itzin, C. and Neman, J. eds. *Gender, Culture and Organixaional Change*, Routledge, 1996.

33) 댄 킨들러 저, 최정숙 역, 《알파걸—새로운 여자의 탄생》, 미래의 창, 2007.

34) Hakim, C., *Key Issues in Women's Work-Female Heterogeneity and the Polarization of Women's Employment*, Athlone, 1996

35) 여성가족부, 〈여성인력 관련 주요 통계〉, 2013.

36) Pringle, R., *Secretaries Talk: Sexuality, Power and Work*, Verso, 1989.

37) 앨리 러셀 혹실드 저, 이가람 역, 《감정노동The Managed Heart》, 이매진, 2009

38) 류호성, '한국 남녀불평등 아시아 최악 수준—여성 임금 남성의 절반', 〈한국일보〉 2012년 4월 20일 자.

39) 인크루트, 〈연봉—학력, 직급별, 성별 임금격차 실태〉, 2012. http://people.incruit. com 참조.

40) 국회 사무처, 〈제19대 국회의원 보좌진 직급별 성별 비율〉, 2014년 2월 12일 기준.

41) 김민정, 〈국회 여성 보좌관의 역할 수행과 세력화에 관한 연구〉, 이화여대 여성학과 석사학위 논문, 2009.

42) 한국여성민우회, 《뚱뚱해서 죄송합니까?》, 후마니타스, 2013, p.84.

43) 한국여성민우회, 앞의 책, 2013.

44) Adkins. L., "Sexual Work and the Employmen of Women in the Service Industries", Savage, M. and Witz, A. eds. *Gender and Bureaucracy*, BlackWell Publisher, 1992

45) 이진수, 《남자가 남자에게》, 미다스 북스, 2014.

46) SBS 뉴미디어부, '갑의 희롱 을의 비명—직장 내 성희롱 실태 보고서', 〈현장 21〉, 2014년 2월 4일 방영.

47) 연합뉴스, '직장 내 성희롱 피해자가 불이익 받는 사례 많아', 2014년 1월 28일 자.

48) SBS 뉴미디어부, 앞의 방송 프로그램, 2014년 2월 4일 방영.

49) YTN 뉴스, '여군 술 접대 의혹 사단장 해임 쉬쉬', 2013년 2월 7일 자.

50) '자살 여군 대위 유서, "하룻밤 같이 자면 군 생활 편해져"—인간의 탈을 쓴 악마', 〈조선일보〉 2013년 10월 25일 자.

51) '직속상관 성추행으로 자살한 여군 대위 가족 인터뷰', 〈한수진의 SBS 전망대〉, 2013년 11월 23일 방영.

52) 박석호, '오 대위 성추행 자살사건 가해자에 유죄, 집행유예 선고', KBS 뉴스 3월 20일 자.

53) 국회성평등정책연구포럼, 〈긴급토론회—윤창중 성추행 사건으로 본 공직자 성희롱·성범죄 원인과 대책〉, 2013년 5월 31일 자료집 부록.

54) 배재련, '성추행 의혹 전면 부인 윤창중, 이남기 수석 귀국 지시-기자회견 전문', 〈뉴스엔〉 2013년 5월 11일 자.

55) 민동기, 'KBS·MBC·SBS 방송 3사, 윤창중 기자회견 침묵—종편 4사 및 YTN 등은 실시간 생중계', 〈미디어 오늘〉 2013년 5월 11일 자.

56) 'A씨 비디오 유출—배포 경위 수사 착수', 〈조선일보〉 1999년 6월 8일 자.

57) 남인우, '관음증 꼼짝 마', 〈서울신문〉 2009년 11월 20일 자.

58) '에일리 법적 대응, 전 남친이 했다 vs 올케이팝, 전 남친도 피해자', 〈한국경제 TV 와우 스타〉 2013년 11월 12일 자.

59) 최승호, 〈노리개〉, (주)마운틴픽처스, 2013년 4월 18일 개봉.

60) 장은교, '故 장자연 씨 소속사 대표와 매니저 집행유예 확정', 〈경향신문〉 2013년 10월 11일 자.

61) 임지선·임인택, 〈연기자 다섯 명 중 한 명 "나 또는 동료가 성상납 강요받았다"〉, 《한겨레 21》 제768호, 2009년 7월.

62) 법제처, '대중문화예술산업발전법', 2014년 1월 28일 제정, 2014년 7월 29일 시행.

63) 이연우, 〈연예계 성상납 문제를 다룬 영화 '노리개' 최승호 감독〉, 《레이디경향》 2013년 4월호.

64) 이연우, 앞의 기사, 2013.

65) 조미덥, '"이런 일까지……" 김학의 사퇴에 검찰, 법무부 망연자실', 〈경향신문〉 2013년 3월 21일 자.

66) 이민아, '고위 공직자 성접대 동영상 유출? 발칵', 〈머니투데이〉 2013년 3월 19일 자.

67) 조종엽, '경찰 김학의 전 차관—건설업자 윤씨 특수강간 혐의로 검찰에 송치', 〈동아일보〉 2013년 7월 19일 자.

68) 조종엽, 앞의 기사, 2013년 7월 19일 자.

69) 여성가족부, 〈전국 성폭력 실태조사〉, 2010.

70) '성접대 의혹 김학의 무혐의, 경찰 불쾌감', 〈동아일보〉 2013년 11월 12일 자.

71) 정소람, '檢 김학의 성접대 사건 재수사 검토 착수', 〈한국경제신문〉 2013년 12월 18일 자.

72) '표창원, 박근혜 총애받던 김학의 살려주려…… 검찰 맹비난', 〈동아일보〉 2013년 11월 11일 자.

73) '에일리 추정 누드 사진 의혹, 김학의 무혐의 처분 덮기 위해? 또 음모론', 〈동아일보〉 2013년 11월 11일 자.

74) 김수희, '고위 공직자 성접대에 무혐의라니…… 여성 분노', 〈여성신문〉 2013년 11월 14일 자.

75) 김봉철, '민주·시민단체 여기자 성추행 이진한 검사 처벌 촉구', 〈아주경제〉 2014년 2월 14일 자.

76) 김원철, '이진한 이어 또 성추행 검사…… 징계도 계속 솜방망이', 〈한겨레〉 2014년 2월 13일 자.

77) 한국여성민우회, 〈르노삼성은 성희롱 피해자와 동료에 대한 보복행위를 즉각 중단하라!〉, 여성단체 기자회견문 중에서, www.womenlink.or.kr, 2014년 2월 19일.

78) A. M. Thomas and C. Kitzinger, *Sexual Harassment—Contemporary Feminist Perspectives*, Ope Univ. Press. 1997.

79) http://dic.naver.com.

80) 앞의 사이트.

81) 임지선·임인택, 앞의 기사, 2009년 7월.

82) 이미경, 〈성폭력 2차 피해를 통해 본 피해자 권리〉, 이화여대 대학원 여성학과 박사학위 논문, 2012, p.11.

83) Gayle Rubin, "Thinking Sex: Notes for a Radical Theory of the Politics of Sexuality", *Pleasure and Danger: Exploring Female Sexuality*, eds. Carole Vance, Routledge, 1984, p.282.

84) 대한민국 헌법 제2장 국민의 권리와 의무 제10조 인용.

85) 대한민국 헌법 제2장 국민의 권리와 의무 제11조 인용.

86) 이성은, 〈서울시 여성폭력 예방 지원체계 수립〉, 서울시여성가족재단, 2010.

87) 이성은, 〈통합 관점에서 (여)성폭력 예방교육의 이해〉, 한국양성평등교육진흥원 성폭력예방지원기관, 2013년 12월.

88) 연합뉴스, 〈성폭력·가정폭력 방지 종합대책 2014년 추진계획 발표〉, 2014년 2월 27일, 여성가족부 보도자료.